La voie de la sérénité

Méditations quotidiennes

Couverture : Dominike Duplaa
Photo couverture : © Getty Image
Photo du Dalaï-Lama : Droits Réservés
Réalisation technique : Élisabeth Grover

Édition originale anglaise :
THE PATH TO TRANQUILLITY : *Daily Meditations* by H.H. The Dalai Lama, compiled and edited by Renuka Singh, © 1998, First published by Penguin Books India, New Delhi
THE TRANSFORMED MIND : *Reflexions on Truth, Love and Happiness* by H.H. The Dalai Lama, compiled and edited by Renuka Singh, © 1999, First published by Penguin Books India, New Delhi

Édition originale française :
LA VOIE DE LA SÉRÉNITÉ, *Méditations quotidiennes*
© Gange Éditions, 2001
12, rue Boussairolles, 34000 Montpellier

ISBN 2-911096-15-0

SA SAINTETÉ

LE DALAÏ-LAMA

La voie de la sérénité

Méditations quotidiennes

COMPILÉES PAR RENUKA SINGH

Traduit de l'anglais
par Dominique Thomas

GANGE EDITIONS

PRÉFACE

LE DALAÏ LAMA

En tant qu'humains, nous souhaitons tous être heureux et éviter la souffrance. Selon ma propre expérience qui est limitée, il est extrêmement important, pour y parvenir, de savoir cultiver et maintenir un état d'esprit positif. Dans la tradition bouddhiste à laquelle j'appartiens, l'un des moyens les plus efficaces pour cela consiste à s'engager dans la voie de la méditation. Mais si méditation veut parfois dire s'asseoir dans une posture spécifique pour apaiser l'esprit, il s'agit avant tout, ici, de se familiariser constamment avec des pensées positives. Pour cette raison, nous lisons et récitons régulièrement les textes des écritures ainsi que des prières. J'ai pour ma part, au fil des ans, trouvé une grande inspiration dans une œuvre très courte intitulée *Les Huit Versets de*

PRÉFACE

l'Entraînement de l'Esprit. Bon nombre de conseils utiles y sont rassemblés : apprendre à toujours considérer les autres comme plus importants que nous-mêmes, affronter et maîtriser les émotions qui nous perturbent et mettent en danger la sérénité de notre esprit, offrir aux autres tous les bienfaits qui se manifestent et prendre sur nous-mêmes toutes les difficultés qui surviennent.

Ce livre est un recueil de citations tirées de mes propres écrits et des livres publiés. Je prie humblement pour que les lecteurs puissent y trouver quelque inspiration à développer cette chaleureuse sérénité de l'esprit qui est la clé de tout bonheur durable.

26 février 1998.

AVANT-PROPOS

Cet ouvrage est un recueil de pensées de Sa Sainteté le Dalaï Lama. Il constitue également une part de sa contribution à la préservation de la culture et de la sagesse de l'Inde ancienne. Mon éditeur (Penguin Books India) est à l'origine du projet de ce livre et, Sa Sainteté en ayant approuvé l'idée et lui ayant donné sa bénédiction, j'ai commencé, sans plus tarder, à y travailler au début de l'an passé.

Je suis très consciente des critères de sélection qui se sont imposés ici. Toutes les citations relèvent de mon choix, effectué parmi les écrits de Sa Sainteté, ses enseignements et quelques entretiens occasionnels. Elles refléteront fidèlement, je l'espère, l'intérêt que porte Sa Sainteté au monde spirituel et séculier et contribueront à répandre son message de responsabilité universelle, de compassion et de paix. Je souhaite, à travers ces pages, pouvoir partager avec un public non spécialisé, ainsi qu'avec les étudiants du *Dharma*, les différentes perspectives et possibilités qui se sont révélées à moi en découvrant le cœur, à la fois simple et complexe, des pensées fondamentales de Sa Sainteté. Nous devons, néanmoins, garder en mémoire que des termes tels que *écouter, donner, penser, méditer,* etc. se réfèrent à un processus précis ; il faut donc les comprendre dans le contexte d'une pratique bouddhiste axée sur le développement de la *bodhicitta*, c'est-à-dire l'aspiration à atteindre l'éveil pour le bienfait de tous.

Dans sa préface, Sa Sainteté parle, avec beaucoup d'à propos, des *Huit Versets de l'Entraînement de l'Esprit*. En me basant sur ma propre expérience, je peux aussi témoigner de leur sagesse sans faille et je souhaiterais vous en donner lecture ici :

Pour accomplir le but suprême,
Tous les êtres vivants sont plus précieux
Que le joyau qui exhausse tous les souhaits.
Puissé-je constamment leur accorder tout
mon amour.

En présence d'autrui, je dois toujours me
considérer
Comme étant l'être le plus inférieur de tous

AVANT-PROPOS

Et, du plus profond de mon cœur,
Les tenir pour des êtres chers et suprêmes.

À l'instant même où une illusion apparaît,
Mettant en danger les autres et moi-même,
Je dois, avec vigilance, m'y confronter
Et la dissiper sans délai.

Voyant des êtres, d'une nature faible,
emportés
Par de violents actes négatifs et submergés
par la souffrance,
Je dois les considérer comme étant aussi
rares et chers
Qu'un précieux trésor à peine découvert.

Lorsque d'autres, par envie, me maltraitent,
M'insultent ou me font subir des choses de
ce genre,
Je dois accepter la défaite
Et leur offrir la victoire.

Si un individu m'ayant prodigué de nombreux
bienfaits
Me porte un coup terrible,
Alors que j'ai fondé tous mes espoirs en lui,
Je dois le regarder comme mon saint ami
spirituel.

En résumé, j'offre, directement et
indirectement,
Tous les bienfaits et les bonheurs à tous les
êtres, mes propres mères.
Puissé-je, en secret, prendre sur moi
Toutes leurs actions nuisibles et toutes leurs
souffrances.

Puissent-ils ne jamais se laisser duper
Par les huit concepts profanes.
Étant conscients de l'illusion de toute chose,
Puissent-ils lâcher prise et demeurer libres
de tout asservissement.

J'ai une grande dette envers mon maître et ami, Sa Sainteté Tenzin Gyatso, le Quatorzième Dalaï Lama, qui m'a soutenue et a béni ce projet. Je remercie particulièrement Tenzin Geshe Tethong pour son entière coopération et sa patience et aussi Lhakdor pour la rapidité avec laquelle il m'a transmis des textes inédits de Sa Sainteté, ainsi que pour ses précieuses suggestions.

Je souhaite exprimer ma gratitude à Linda et Ashok Jhalani, Antonella et Naresh Mathur, Alison Ramsey qui m'ont confortée dans certains de mes choix de citations. Ma gratitude s'adresse également à Prama et Ranji Bhandari pour leur soutien moral et à Sunita Kakaria qui a pris soin de moi à McLeod Ganj. Je tiens aussi à rendre hommage à V.K. Karthika et Sudeshna Shome Ghosh des Éditions Penguin pour l'aide qu'ils m'ont apportée en travaillant sans relâche avec moi sur ce projet. Le soutien financier de Derek Goh, reçu au dernier moment, pour l'obtention des droits de publication de certains des textes sélectionnés fut une réelle et heureuse surprise. Je lui suis très reconnaissante de ne pas avoir laissé ce projet tomber à l'eau.

Pour finir, je remercie toute ma famille, Pritam Singh, Jyoti et Paul, Ashma et Tsagaadai, Sumeet et Supriti. Leur soutien m'a permis de consacrer beaucoup de temps à ce travail.

Cet ouvrage est dédié à tous les êtres, avec tous mes souhaits de bienfaits et de bonheur.

Renuka Singh
Avril 1998

JANVIER

Le Potala, Lhassa, Tibet, 1986

1er JANVIER

J'ai découvert que la tranquillité intérieure la plus profonde résultait du développement de l'amour et de la compassion. Plus nous prenons soin du bonheur des autres, plus notre sentiment de bien-être est grand. En cultivant une attitude chaleureuse envers autrui, nous établissons automatiquement notre esprit dans le calme. C'est la source suprême du succès dans la vie.

2 JANVIER

Au-delà des races, des croyances, des idéologies, des blocs politiques Est-Ouest et des répartitions économiques Nord-Sud, la chose la plus importante et la plus fondamentale qui unit les hommes est leur humanité : le fait que chaque individu, jeune ou vieux, riche ou pauvre, avec ou sans éducation, homme ou femme, est un être humain. Cette humanité partagée et, par là même, cette aspiration commune à obtenir le bonheur et à éviter la souffrance sont de première importance, tout comme le droit fondamental de pouvoir agir dans ce sens.

3 JANVIER

Lorsque nous avons à entreprendre une action juste, peu importe la durée, du moment que chaque jour de notre vie est utile.

4 JANVIER

Ce qui caractérise le bouddhisme est le fait qu'il est essentiellement humaniste. Il essaye de définir les problèmes auxquels nous sommes confrontés dans la vie et propose des remèdes. À la différence de la plupart des religions dans le monde, ce chemin spirituel ne tourne pas autour du concept de Dieu. Il parle de l'homme et des moyens qui peuvent le mener à la perfection.

Méditer consiste à familiariser l'esprit avec un objet de méditation et il y a différentes manières de le faire ; il existe donc de nombreux types de méditation. Lorsque vous méditez sur la compassion ou la sagesse, vous essayez de transformer votre conscience en compassion ou en sagesse. Quand, par contre, vous contemplez l'absence d'existence réelle de l'ego, c'est le mode même d'appréhension de l'esprit qui devient l'objet de la méditation.

6 JANVIER

Nous pouvons comprendre le mot *ultime* de deux manières. Il fait parfois référence à quelque chose dont on nie l'existence, quelque chose qui doit être réfuté. Dans d'autres cas, il évoque la sagesse que l'on doit générer.

7 JANVIER

Aujourd'hui, nous essayons de résoudre de nombreux problèmes et nous le faisons de façon temporaire, sans en rechercher les véritables causes. Cela revient à soigner une plaie en essayant simplement de la refermer sans se préoccuper de ce qui en est réellement à l'origine.

8 JANVIER

Comme celui qui, chaque soir, évalue le succès de son activité en terme de gains financiers, examinez, en fin de journée, comment vous vous êtes comporté.
De façon positive ou négative ?

9 JANVIER

Pour pratiquer la méditation, asseyez-vous, les jambes croisées dans la posture de Vajra, le dos droit, les épaules redressées, les mains dans le giron en position de méditation. Détendez la mâchoire et les lèvres de façon naturelle, posez la langue contre le palais. La tête légèrement inclinée, dirigez votre regard vers la pointe du nez et fixez intérieurement votre esprit, sans la moindre distraction, sur la visualisation d'un objet.

10 JANVIER

Pour une personne comme moi, la pratique de la compassion et celle de la religion vont de pair. Mais ceux qui n'ont aucune croyance peuvent malgré tout suivre un cheminement spirituel. Ils ne doivent pas pour autant devenir religieux : un laïc peut mener une vie spirituelle. Tout le monde doit pratiquer la compassion ; si j'étais un dictateur, je l'imposerais à tous.

11 JANVIER

Je pense que la religion, l'idéologie, l'économie et les systèmes politiques sont des créations humaines. Ils doivent donc, en tant que tels, s'appuyer sur un sentiment et un esprit d'humanité. Lorsqu'il en est ainsi, leur mise en pratique permet de satisfaire quelques unes des aspirations humaines fondamentales. Les diverses religions et idéologies sont faites pour les hommes et non le contraire.

Le progrès matériel ne peut permettre, à lui seul, l'établissement d'une société idéale. Même les pays qui jouissent d'un fort développement extérieur doivent faire face à un accroissement des problèmes d'ordre mental. Aucune mesure législative ou coercitive ne saurait apporter le bien-être dans une communauté humaine car celui-ci dépend uniquement de l'attitude intérieure des individus qui la composent. Parallèlement à cette technologie chaque jour plus performante, il est donc très important de développer un état d'esprit positif, un mental en harmonie avec l'évolution humaine.

13 JANVIER

Sur le plan mental, l'évolution humaine n'est pas achevée. Il reste encore beaucoup de choses à découvrir en nous-mêmes, ne serait-ce que d'un point de vue ordinaire. Cela n'a rien à voir avec une idéologie religieuse quelle qu'elle soit ; il s'agit là de spiritualité. Seule une méditation profonde permet d'accéder à certaines capacités de notre cerveau et de les utiliser. Mais en attendant, nous pouvons explorer encore bien des choses dans ce domaine, même avec les moyens habituels : sur le plan psychique, la connaissance de l'être humain est loin d'être parfaite.

Quelques mots prononcés ont parfois un effet dynamique, mais, à d'autres instants, c'est le silence qui laisse une empreinte pleine de sens.

Tous les êtres vivants, jusqu'aux plus petits insectes, aspirent au bonheur et veulent échapper à la souffrance. Si nous réalisons que chacun de nous ne représente qu'un seul individu, alors que les autres sont en nombre infini, nous nous apercevons que le bonheur de tous est nettement plus important que le nôtre.

Si, lorsque vous rêvez, vous dirigez votre conscience vers votre gorge et demeurez concentré en ce point, vos rêves vont s'éclaircir. Si, d'autre part, vous portez votre attention sur votre cœur, votre sommeil deviendra plus profond. Vous avez là une sorte de somnifère intérieur.

17 JANVIER

Si les gens essayaient de comprendre ceux qu'ils supposent être leurs ennemis, ce serait beaucoup plus constructif. Il est, en effet, plus utile d'apprendre à pardonner que de s'emparer d'une pierre et de la lancer contre l'objet de sa colère. Ce que je dis là est d'autant plus vrai que la provocation est forte. L'adversité la plus vive est la meilleure des opportunités pour agir de façon bénéfique à la fois pour nous-mêmes et pour les autres.

Si vous souhaitez développer la patience, vous avez besoin de quelqu'un qui, délibérément, vous cause du tort. Grâce à lui, vous avez de réelles opportunités de pratiquer la tolérance. Il met à l'épreuve votre force intérieure comme aucun maître, même le vôtre, ne saurait le faire. En réalité, la patience nous préserve du découragement.

19 JANVIER

Que ce soit en des lieux retirés ou dans des villes surpeuplées, nous agissons et luttons tous dans le même but fondamental. Mais, emportés par l'action, nous oublions que, pour atteindre notre objectif essentiel, il faut absolument utiliser la méthode appropriée. C'est elle qui importe le plus.

Lorsqu'une faute a été commise, nous devons tout d'abord prendre conscience de notre erreur. Il est bon de confesser ensuite cette mauvaise action, face à des êtres saints, réellement présents ou simplement invoqués en notre esprit. Puis, il nous faut développer la ferme intention de ne plus commettre cette faute à l'avenir. Tout ceci diminue la portée de l'acte accompli.

21 JANVIER

Par la violence, nous pouvons obtenir quelque chose, mais ce sera aux dépens du bien-être d'un autre. En agissant ainsi, nous résolvons peut-être un problème mais, dans le même temps, nous semons la graine d'une difficulté nouvelle. Une attitude humaine et compréhensive et un respect mutuel sont les meilleurs moyens de résoudre les problèmes.

Le bonheur individuel peut contribuer,
de manière effective et profonde,
à l'amélioration générale de la communauté
humaine tout entière.

23 JANVIER

Pour développer une dévotion authentique, vous devez connaître le sens des enseignements. Le bouddhisme met principalement l'accent sur la transformation de l'esprit. Celle-ci s'opère à travers la méditation mais, pour méditer correctement, un individu doit avoir certaines connaissances. Ceci est également valable pour toutes les formes de communautés : elles ne peuvent s'établir et croître dans l'harmonie que grâce au savoir.

La bienveillance est la clé de l'harmonie et de la paix dans la vie familiale. Même en exil, les familles doivent éduquer leurs enfants et être leur premier guide ou *lama*.

25 JANVIER

Un arbre fleuri devient stérile et dénudé à l'automne. La beauté se transforme en laideur, la jeunesse en vieillesse et la faute en vertu. Les chose ne demeurent pas identiques ; rien n'existe réellement. Manifestation et vacuité sont simultanées.

26 JANVIER

La détermination, le courage et la confiance en soi sont les facteurs-clés du succès. Quels que soient les obstacles et les difficultés, nous pouvons les surmonter si nous y sommes fermement décidés. Mais en toutes circonstances, nous devons rester humbles, modestes et sans orgueil.

27 JANVIER

Nous pouvons difficilement traiter un mendiant d'obstacle à la générosité.

28 JANVIER

Recevoir de simples louanges ne nous est concrètement d'aucun secours. Cela n'augmente pas notre chance ni la durée de notre vie. Celui qui n'aspire qu'à des plaisirs éphémères peut en arriver à prendre des drogues. De nombreuses personnes investissent beaucoup d'argent et trahissent même leurs amis pour obtenir un statut social. C'est complètement stupide : leurs titres et réputation ne les aident pas beaucoup dans cette vie et ne serviront à rien dans celles à venir. Il n'y a aucune raison de se réjouir d'être célèbre ou de se lamenter lorsque les gens disent du mal de nous.

29 JANVIER

Pour comprendre la réalité,
la compassion est la méthode,
la sagesse est le point de vue philosophique.

Dans la religion, on met en pratique certaines méthodes et on adopte des modes de comportement qui contribuent au développement de la sérénité, de la discipline, du lâcher-prise, du contentement et du contrôle de soi. Si l'on observe avec attention, il apparaît clairement que c'est le manque de vigilance, au niveau du corps, de la parole et de l'esprit, qui est à l'origine des situations préjudiciables, dépourvues de toute éthique. Il faut donc pacifier, entraîner et maîtriser nos activités physiques, mentales et verbales. C'est d'une importance fondamentale : il est essentiel de corriger, de réduire à néant, de mettre un terme à notre inconduite, en premier lieu celle du corps, puis celle de la parole.

31 JANVIER

Les politiciens ont encore plus besoin de la religion qu'un ermite en retraite. Si ce dernier, poussé par une motivation erronée, accomplit un acte négatif, il ne fait du tort qu'à lui-même. Mais lorsqu'un individu peut directement influencer la société tout entière, tout acte commis par lui avec une intention mauvaise affectera douloureusement un grand nombre de personnes.

FÉVRIER

Monastère, Likir, Ladakh, 1982

1er FÉVRIER

Un homme cultivé n'aura de véritable noblesse que s'il met réellement en pratique ce qu'il a appris et ne se contente pas de simples mots.

En général, nous avons un sentiment d'amour et de bonté ordinaires, basé sur l'attachement qui, lui-même, a pour origine l'ignorance. Il ne s'agit pas de l'amour véritable et juste. La vraie bonté et l'amour authentique doivent s'établir sur la base d'une conscience logique et claire.

3 FÉVRIER

Dans la tradition bouddhiste, la pratique spirituelle comporte trois phases ou étapes principales. La première consiste à réduire l'attachement envers la vie. La deuxième, à éliminer le désir et l'attachement vis-à-vis du *samsara* ou cycle des existences conditionnées. La troisième, enfin, est l'abandon de toute forme de narcissisme. Celui qui parcourt de façon rigoureuse la voie bouddhiste selon cette progression a, je pense, de fortes chances d'accéder à l'état dit de cessation, c'est-à-dire à l'au-delà de la souffrance, au *nirvana*.

4 FÉVRIER

La compassion véritable n'est pas une simple réponse émotionnelle mais un engagement ferme et raisonné. Lorsque cette attitude d'ouverture envers autrui est authentique, elle n'est pas fluctuante et ne disparaît pas si des individus se comportent de façon négative. Quand vous développez l'altruisme universel, un sentiment de responsabilité envers les autres se fait jour : vous souhaitez activement les aider à surmonter leurs problèmes.

5 FÉVRIER

Je pense que, pour découvrir notre véritable nature, nous devons prendre davantage le temps de nous tourner vers l'intérieur et, dans le calme et la détente, observer ce que nous sommes profondément. Cela nous aidera car, au lieu de nous laisser parfois emporter par la colère ou l'attachement, nous aurons alors, peut-être, la possibilité de simplement regarder en nous-mêmes et de nous demander : « Qu'est-ce que l'attachement ? Quelle est la nature de ma colère ? »

6 FÉVRIER

La souffrance accroît la force intérieure. N'ayez donc plus crainte de souffrir ; souhaitez-la au contraire. C'est ainsi que disparaîtront vos tourments.

7 FÉVRIER

Si l'être humain était, par nature, fondamentalement agressif, il naîtrait avec des griffes de prédateur et des crocs acérés. Mais nos ongles et nos dents sont minuscules et tellement fragiles ! Cette faiblesse prouve que nous ne sommes pas faits pour la violence et l'agressivité. Même notre bouche est petite. Je suis donc convaincu qu'à la base les êtres humains sont d'une nature bienveillante.

8 FÉVRIER

Lors de la conception, aucune des substances physiques sur lesquelles un être va développer son ego ne lui appartiennent puisque l'ovule et le sperme proviennent de ses parents. Mais l'on peut quand même affirmer que ces éléments appartiennent à celui qui va naître. La matière qui constitue le corps d'un être a pour origine quelqu'un d'autre. Pourtant, dès que la conscience y pénètre, cette substance devient le corps — l'embryon, le foetus, ou quel que soit le nom que vous vouliez lui donner — d'un nouvel individu qui n'existait pas auparavant. Ainsi, les constituants physiques de l'embryon proviennent de deux personnes différentes, mais dès qu'une conscience se glisse dans cette fusion de cellules, l'œuf qui en résulte appartient à cette conscience.

9 FÉVRIER

Tant que vous n'êtes pas des êtres totalement éveillés, il y aura toujours en vous une entrave à la connaissance qui rendra incomplète votre activité de bienfait envers les autres.

Parmi les cinq milliards sept cent millions d'êtres humains, la génération la plus âgée, dont je fais partie, s'apprête à dire adieu à ce monde. La jeunesse doit maintenant porter la responsabilité du futur. Je vous en prie : devenez responsables, souvenez-vous de votre potentiel et ayez confiance en vous. Gardez l'esprit ouvert et développez un sentiment d'attention bienveillante et d'appartenance à un ensemble. Ne laissez pas dépérir la fraîcheur et la force de la jeunesse. Gardez cet enthousiasme.

11 FÉVRIER

La paresse interdit tout progrès dans la pratique spirituelle. Il en existe trois sortes qui, toutes, peuvent nous submerger. Tout d'abord celle de l'indolence : elle nous fait tout remettre au lendemain. Vient ensuite celle du sentiment d'infériorité qui nous fait douter de nos capacités et, enfin, celle de l'attachement envers les actions négatives ou envers des buts non-vertueux pour lesquels nous dépensons toute notre énergie.

2 FÉVRIER

Idéalement, nous devons avoir une grande dose de courage et de force mais ne pas nous en vanter ni en faire étalage. Le moment venu, par contre, il faut savoir se montrer à la hauteur et se battre courageusement pour une juste cause.

13 FÉVRIER

Certaines personnes, douces, belles, attirantes, fortes et en bonne santé meurent en pleine jeunesse. Ce sont des maîtres cachés : elles nous enseignent l'impermanence.

14 FÉVRIER

Durant l'état de rêve, nous pouvons pratiquer plusieurs types de méditations. Grâce à elles, nous parvenons à séparer les niveaux grossiers de la conscience et du physique et accédons à une perception plus subtile de l'esprit et du corps. Il devient alors possible de dissocier, pendant le sommeil, l'esprit du corps et d'accomplir, par exemple, quelques activités supplémentaires que nous serions incapables de faire dans un corps ordinaire. Mais il n'y aura aucun salaire en retour !

Notre état d'esprit joue un rôle majeur dans nos expériences quotidiennes, tout comme notre bien-être physique et mental. Le calme et la stabilité d'un individu influencent son attitude envers les autres et son comportement relationnel. En d'autres termes, celui qui a la conscience tranquille et sereine ne peut être que modérément perturbé par son environnement extérieur.

16 FÉVRIER

Nous recevons presque tous nos premières leçons de nos mères, dans une atmosphère harmonieuse. Le besoin d'amour demeure le véritable fondement de l'existence humaine. Dès que nous venons au monde, nous sommes complètement dépendants des soins que nous porte notre mère et il est pratiquement vital qu'elle nous exprime aussi son amour. Quand des enfants ne reçoivent pas l'affection qui leur est nécessaire, ils ont plus tard, dans la vie, beaucoup de difficultés à aimer les autres.

17 FÉVRIER

Si des objets ou des personnes suscitent en nous de l'attachement, c'est la preuve que nous ne comprenons pas la vraie nature des phénomènes. Nous ne pouvons être réellement détachés qu'en réalisant la véritable nature des choses.

18 FÉVRIER

Voici quelques vérités d'ordre général à propos de la médecine tibétaine : elle considère que la physiologie humaine est basée sur trois humeurs : le vent, la bile et le flegme. Tout ce qui perturbe notre santé provient du déséquilibre d'au moins l'une d'entre elles. Ce déséquilibre est lui-même la conséquence de la présence active des trois poisons que sont l'attachement, la colère et l'opacité mentale. Ces états d'affliction sont en lien direct avec, respectivement, le vent, la bile et le flegme.

19 FÉVRIER

La servitude et la vraie liberté dépendent toutes deux de l'état dans lequel se trouve notre esprit dont la nature originelle est claire et lumineuse. En appliquant diverses techniques méditatives, le pratiquant tente d'accéder à une réalité dans laquelle cette nature ultime de l'esprit manifeste totalement l'ensemble de ses potentiels positifs.

20 FÉVRIER

Toute activité noble rencontre inévitablement des problèmes et des obstacles. C'est pourquoi il est important d'examiner parfaitement notre but et notre motivation. Nous devons être extrêmement sincères, honnêtes et raisonnables. Nos actions doivent être bénéfiques aux autres tout autant qu'à nous-mêmes. Lorsqu'un but positif a été défini, il faut décider de le poursuivre jusqu'au bout, avec détermination. Même si nous ne l'atteignons pas, au moins, nous n'aurons pas de regrets.

21 FÉVRIER

Chaque chose a ses propres limites. Un excès de dépense d'énergie ou d'effort, dans le seul but de gagner de l'argent, n'est pas bon. À l'inverse, trop de contentement peut aussi se révéler néfaste. En principe, il faut apprendre à se satisfaire de ce que l'on a, mais cette attitude, poussée à l'extrême, devient presque suicidaire.

22 FÉVRIER

Ce qui nous irrite, en premier lieu, c'est le fait que nos souhaits ne se réalisent pas. Mais il ne sert à rien de demeurer dans cet état d'irritation : il ne nous aidera pas à accomplir quoi que ce soit de positif. Nous risquons, au contraire, non seulement de ne pas atteindre notre but, mais en plus de perdre notre bonne humeur ! Cet état d'amertume, qui peut engendrer la colère, est très dangereux. Notre heureuse disposition d'esprit ne doit jamais être perturbée. Efforçons-nous donc de la protéger. Que nous soyons actuellement en train de souffrir ou que nous ayons souffert dans le passé, il n'y a pas de raison d'être malheureux.

23 FÉVRIER

Au début, ne pratiquez pas la méditation pendant trop longtemps. Ne surestimez pas vos capacités : une quinzaine de minutes est un maximum. La qualité de la méditation est plus importante que sa durée. Si vous méditez trop longtemps, vous risquez de susciter le sommeil et de finir par perdre votre temps.

24 FÉVRIER

Dans ce monde qui change constamment, nous devons garder à l'esprit deux choses importantes. La première, penser à nous observer nous-mêmes, c'est-à-dire réexaminer notre attitude envers les autres et vérifier constamment si nous sommes en train d'agir de manière juste. Avant de montrer les autres du doigt, il nous faut le diriger vers nous-mêmes. La deuxième chose importante est d'être prêts à accepter nos fautes et à les corriger.

25 FÉVRIER

Votre expérience vous amènera à comprendre en quoi consiste la conscience et ce qu'elle est : un phénomène immatériel que rien n'entrave, ayant pour qualité la luminosité. Elle reflète tout objet en se manifestant comme son image. La conscience ressemble à un cristal : lorsqu'il est posé sur une surface teintée, vous ne pouvez voir sa réelle clarté incolore. Mais dès que vous l'éloignez de cette surface teintée, vous pouvez percevoir sa pureté limpide.

26 FÉVRIER

Les individus les plus aptes à pratiquer sont ceux qui ont, certes, des qualités intellectuelles importantes mais qui possèdent également une grande foi centrée sur une chose à laquelle ils se dédient totalement avec beaucoup de lucidité. Ces personnes sont les plus réceptives à la pratique spirituelle. Viennent ensuite les êtres qui ne sont peut-être pas supérieurement intelligents mais dont la pratique se base sur une foi solide comme un roc. Les moins fortunés, enfin, sont ceux de la troisième catégorie : ils peuvent être très intelligents mais demeurent obstinément sceptiques et doutent constamment. Bien que très lucides, ils ont tendance à hésiter et sont incapables de poser leur esprit de façon totale et durable. Ce sont les moins réceptifs de tous.

27 FÉVRIER

Si vous voulez changer le monde, essayez tout d'abord de vous améliorer vous-même. Apportez des transformations en vous-même, cela contribuera à changer les relations et les comportements des membres de votre famille. Dès lors, il ne s'agira plus que d'élargir encore et encore. Tout ce que nous entreprenons a un effet, un certain impact.

28 FÉVRIER

Il est intéressant de constater combien notre interaction avec les autres contribue au développement de notre propre réalisation. Dans une relation intime, l'amour et l'attachement sont mêlés et il est difficile de dire à quel point cette situation est une aide pour l'individu qui pratique. Lorsque l'on est attaché à une personne, que l'on fait une fixation sur elle, elle devient l'objet de nos pensées. Parallèlement à l'attachement qui grandit, apparaît un fort sentiment d'ego, de moi — « Moi qui aime cette personne, Moi qui suis attaché à cette personne ». Quand vous voyez ce processus, si vous réalisez qu'il s'agit simplement de l'idée illusoire d'un ego, vous pouvez avoir une certaine vision de ce que l'on nomme la vacuité.

29 FÉVRIER

Si vous êtes du genre à toujours parler de façon agréable face aux autres et à être médisant dès qu'ils ont le dos tourné, personne, bien sûr, ne vous aimera.

MARS

Drapeau de prière, Cheval du vent, Sikkim

© Maurice Galut

1er MARS

L'amitié peut-elle être le fruit de querelles, de la colère, de la jalousie et d'une compétitivité intense ? Je ne le pense pas. Seule l'affection nous procure de vrais amis intimes.

Lorsque nous réalisons que tout ce que nous expérimentons n'est que le résultat d'un ensemble complexe de causes et de conditions convergentes, nous découvrons qu'il n'y a pas à avoir le moindre désir ni rejet vis-à-vis de quoi que ce soit. L'attachement et la colère, qui d'ordinaire obscurcissent notre conscience, ont alors plus de difficultés à se manifester. Cette compréhension de l'interdépendance apaise l'esprit et le rend plus ouvert.

3 MARS

Considérez votre infortune comme une bénédiction cachée : elle vous éveille au sens du juste retour des choses et vous convainc d'accomplir uniquement des actes méritoires.

4 MARS

La colère et la haine sont de réels ennemis. Ce sont les vraies forces auxquelles nous devons nous confronter et qu'il nous faut vaincre. Les autres ne sont que des ennemis temporaires qui apparaissent, dans nos vies, de façon intermittente.

5 MARS

Il y a deux sortes d'ego. La première notion de « Moi » est un fort sentiment d'identité qui oublie les droits des autres et se considère plus important qu'eux. Cet ego n'a pas lieu d'être mais le second, lui, est positif : c'est celui qui nous amène à ressentir que « je peux faire telle chose, je peux aider, je peux servir. »

6 MARS

Le monde actuel s'enlise dans les conflits et les souffrances à un point tel que les êtres n'aspirent plus qu'à la paix et au bonheur. Mais ce souhait les a malheureusement amenés à courir uniquement après des plaisirs éphémères. Fort heureusement, quelques individus éclairés ne se satisfont pas de ces aspirations ni de ces expériences ordinaires. Ils réfléchissent plus profondément et partent à la recherche d'un bonheur authentique. Je crois que plus nous progresserons matériellement, plus cette quête de la Vérité va se poursuivre et devenir intense.

7 MARS

La conscience ou l'esprit est simplement une énergie subtile sur laquelle tout peut se refléter. Sa nature propre est simplement lumineuse.

8 MARS

Nous devons certes développer la patience, mais l'empressement se révèle parfois, lui aussi, utile dans certaines activités comme le ménage ou la marche. Grâce à cette impatience de l'esprit, on devient une femme ou un homme d'action. Cependant, pour des problèmes plus importants, la patience est cruciale.

9 MARS

La revanche qui s'appuie sur l'énergie aveugle de la colère atteint rarement sa cible.

Étymologiquement, le mot *religion* vient d'une racine latine qui signifie *se relier*. Comment comprendre dans le contexte bouddhiste ce concept de lien ou d'attachement ? Pourquoi s'applique-t-il communément à tous nos enseignements, si divers soient-ils ? Toutes les disciplines religieuses ont un ennemi commun : l'égoïsme de l'esprit. C'est la cible de tous les préceptes moraux énoncés par les grands maîtres du genre humain. Cette arrogance de l'esprit est, à elle seule, la source de l'ignorance, de la colère et de la passion qui, elles-mêmes, sont la cause de tous les désordres du monde.

11 MARS

Selon les enseignements tantriques, la nature de l'esprit est pure par essence. Le terme technique utilisé pour rendre compte de cette nature primordiale est *claire lumière.* Lorsque cette claire lumière est voilée ou entravée par le conditionnement des pensées et des émotions qui nous affligent, elle ne peut manifester son essence véritable. On dit alors que l'individu est prisonnier du *samsara* ou cycle des existences conditionnées. Mais s'il met correctement en pratique les techniques méditatives appropriées, l'homme devient capable d'expérimenter totalement la nature de son esprit, cette claire lumière libre de toute influence résultant des obscurcissements mentaux. Il est alors sur le chemin de la libération authentique et du parfait éveil.

12 MARS

Si l'on veut faire un parallèle avec les écritures bouddhistes, la colère inconsciente correspond à ce que nous appelons l'insatisfaction ou l'absence de bonheur mental. Ce mode d'être induit la rancœur et l'hostilité. Nous pouvons le considérer comme un manque de réelle présence d'esprit ou comme une activité négative d'interprétation de la réalité.

13 MARS

La compassion, la tolérance et l'altruisme nous apportent le bonheur et le calme. Ce sont donc des qualités spirituelles fondamentales. Vient ensuite la religion. Celle-ci a, en fait, pour objectif la satisfaction : c'est la source ultime du bonheur. Elle contribue uniquement à renforcer le bien-être mental.
Ma conception de la spiritualité se résume peut-être au fait de développer un esprit aux pensées positives.

14 MARS

Nos connaissances actuelles se sont largement étendues grâce à la science et à la technologie. Mais dans le domaine de l'esprit, de notre nature profonde, le savoir du monde occidental est encore limité. Ceci est dû au fait que la conscience n'a pas de forme ; elle est impalpable et aucun instrument ne peut donc la mesurer. Seules, la méditation et certaines autres méthodes permettent de l'approcher.

15 MARS

Entre le passé et le futur, il existe une frontière extrêmement fine, quelque chose qui ne peut réellement résister à l'analyse. Passé et futur sont fonction du présent, mais si nul ne peut établir ce présent, comment déterminer ce qui en découle ? Seul le processus d'interdépendance peut apporter une réponse satisfaisante à ces questions.

16 MARS

Le mariage et la procréation ne sont pas simplement le fruit d'un amour fou. Ils proviennent aussi de la bonne connaissance que l'on a l'un de l'autre. Lorsque l'attitude mentale de votre partenaire vous est tout aussi familière que son aspect physique, vous pouvez développer une confiance et un respect mutuels. C'est sur cette base seule que le mariage peut prendre place car il implique un sens de responsabilité. Donner vie à un nouvel être humain ne doit se faire que dans de telles circonstances.

17 MARS

Si l'évolution de l'espèce humaine n'était qu'une question d'environnement et de modification de gènes, de chromosomes, etc., il n'y aurait alors pas la moindre place pour le *karma*. L'origine de tout ce qui se manifeste serait, dans ce cas, entièrement attribuée à ses constituants physiques. Mais les cellules se développent, évoluent de manière de plus en plus complexe pour constituer finalement un être humain. En associant les gènes des parents, il y a une multitude de combinaisons possibles, quelque chose comme soixante-dix milliards de milliards de possibilités. Pourtant, une seule de ces options verra le jour. On peut se demander pourquoi celle-ci en particulier. Le *karma* est directement lié à cette question.

18 MARS

Le bonheur est un état d'esprit. Même si nous éprouvons un bien-être physique et matériel, tant que notre esprit est encore confus et agité, nous ne pouvons être heureux. Le bonheur implique le calme de l'esprit.

19 MARS

Le désir sexuel est, par définition, le fait de vouloir quelque chose : satisfaire son envie en possédant l'autre. Dans une large mesure, il s'agit d'une projection mentale provoquée par une émotion. Nous imaginons que l'autre nous appartient. Tout semble alors agréable, désirable. Nous ne voyons aucun obstacle ni aucune raison de nous retenir. L'objet de nos désirs nous apparaît digne de toutes les louanges et sans aucun défaut. Mais par la suite, tout change. Le désir disparaît : soit parce qu'en obtenant ce qu'il souhaitait il a été satisfait, soit parce qu'il diminue avec le temps. Maintenant, nous ne regardons plus l'autre de la même manière, l'heure est à la découverte de la vraie nature de notre partenaire. Certains sont abasourdis de constater ce changement qui trop souvent entraîne la rupture de nombreux mariages, des conflits, des querelles judiciaires, et tellement de haine.

L'image que nous avons de nous-mêmes est volontiers complaisante. Nous nous considérons avec indulgence : lorsqu'une chose déplaisante nous arrive, nous avons toujours tendance à en rejeter le blâme sur les autres, à l'attribuer au destin, à un démon ou à un dieu. Nous évitons de regarder en nous-mêmes comme le recommande le Bouddha.

21 MARS

Il semble qu'il y ait une quantité de travail énorme à accomplir. Si vous deviez analyser tous vos rêves, vous n'auriez plus le temps de rêver.

22 MARS

Lorsqu'un individu a une base spirituelle solide, il ne se laisse pas envahir par le piège de la technologie et la folie de vouloir tout posséder. Il sait trouver le juste équilibre et ne pas trop demander. Il parvient à se dire : « J'ai un appareil photo, cela me suffit. Je n'en veux pas d'autres. » Nous courons constamment le risque d'ouvrir la porte de l'avidité. C'est notre ennemi le plus impitoyable. La mise en œuvre d'un vrai travail sur l'esprit nous évite ce danger.

La générosité, la conduite éthique, la tolérance, l'effort joyeux, la concentration et la sagesse sont les qualités que doit développer un *bodhisattva,* un être sur la voie de l'éveil. Pour qu'il pratique, avec succès, ces six perfections, il doit coopérer avec les êtres et leur témoigner une grande bienveillance. Cette ouverture aux autres est extrêmement importante.

24 MARS

Il y a bien des années, quand je roulais vers un aéroport ou une quelque autre destination, je ne voyais jamais de poulets dans les rues, ni aux devantures des magasins, ni même dans les restaurants. Maintenant j'en vois partout. Pourquoi tous ces poulets massacrés ? Il est bien sûr impossible d'être totalement végétarien au Tibet, mais je trouve ces tueries d'animaux répugnantes. Pour ma part, je ne mange, dans la mesure du possible, que des légumes et des fruits.

25 MARS

L'esprit, dont nous devons réaliser la nature pour atteindre l'omniscience, est d'un type très particulier : constamment présent, il est éternel. Il ne s'agit pas d'un état d'esprit ordinaire, pollué par des émotions qui l'obscurcissent ou baignant dans l'illusion, ni même d'une conscience cognitive qui s'élève parfois. Toutes ces expériences sont éphémères, occasionnelles : elles apparaissent à un moment donné, mais elles ne durent pas et disparaissent bien vite.

26 MARS

La souffrance est le produit de différentes causes et conditions. Mais la véritable source de notre douleur, la racine de nos tourments, est l'état d'ignorance et d'indiscipline qui règne dans notre esprit. Ce bonheur que nous recherchons ne peut être atteint qu'en purifiant notre conscience.

27 MARS

Dans notre monde actuel, nous avons un besoin crucial de reconnaître clairement le caractère interdépendant des nations, le lien étroit qui unit les humains et les animaux, et enfin celui qui sous-tend l'ensemble des êtres et le monde. L'interdépendance est la véritable nature de tous les phénomènes manifestes. Je pense que la plupart des problèmes, en particulier ceux causés par l'homme, sont dus au manque de conscience de cette réalité de l'interdépendance.

Le corps est en relation intime avec l'esprit et il contient des centres physiologiques particuliers. Il est donc facile de comprendre que les exercices physiques de yoga et la mise en pratique de certaines techniques méditatives, ayant pour but d'entraîner l'esprit, puissent avoir un effet positif sur la santé.

29 MARS

Si vous ne voulez plus avoir à renaître dans le cycle des existences conditionnées, méditez et pratiquez la voie ; quand bien même votre tête serait en feu, engagez-vous dans la pratique et ne perdez pas de temps à éteindre ce feu.

Nous ne devons considérer le Bouddha comme un enseignant digne de foi et faisant autorité, qu'après avoir étudié et analysé son enseignement fondamental, les Quatre Nobles Vérités. Une fois certains de la validité de cette doctrine et de la sûreté de sa mise en application, nous pouvons accepter, comme un guide digne de confiance,
celui qui en est la source : le Bouddha.

31 MARS

Faire don de choses matérielles, comme la nourriture, les vêtements ou encore un lieu où s'abriter, est une forme de générosité importante. Mais elle est pourtant limitée car elle ne conduit pas à une totale satisfaction. Notre propre expérience nous montre que seule une purification graduelle de notre esprit permet au bonheur de se développer peu à peu. Il en va de même pour les autres et il est donc crucial qu'ils comprennent clairement le type de pratique et de comportement qu'ils doivent adopter pour accéder à ce bonheur. Si nous souhaitons leur faciliter cet apprentissage, nous devons être parfaitement capables de leur faire don de ces enseignements.

AVRIL

Gyangtse, Tibet, 1986

1er AVRIL

En réalisant que notre vie actuelle est fondée sur l'ignorance et l'attachement, et en étant capable de le voir clairement, nous arrivons à comprendre que ce qui résulte de cette ignorance et de cet attachement conduit inévitablement à la souffrance : c'est sa nature. Parvenir à cette vision de la réalité nous aide à développer de plus larges perspectives.

2 AVRIL

Croire que les gens biens souffrent tandis que ceux malveillants jouissent en permanence de bienfaits et d'estime est une vision simpliste. C'est une conclusion tirée à la hâte car, si l'on y regarde de plus près, on s'aperçoit que les fauteurs de troubles ne sont pas du tout heureux, loin de là. Il vaut donc mieux se comporter correctement, assumer la responsabilité de ses actes et mener une vie positive.

3 AVRIL

Quand votre cœur est sincère et ouvert, vous ressentez naturellement ce dont vous êtes capable et vous avez confiance en vous. Vous n'avez alors aucune raison de craindre les autres.

4 AVRIL

Les ennemis extérieurs ne sont pas permanents : quand on le traite avec respect, l'ennemi devient un ami. Mais l'ennemi intérieur, lui, est éternel ; nous ne devons jamais nous compromettre avec lui. Il réside en notre cœur et nous ne pourrons jamais transformer en amies toutes ces pensées mauvaises. Nous devons nous y confronter et les contrôler.

Je comprends le sens du mot *ouvert* en imaginant simplement une porte : elle peut s'ouvrir très facilement, sans aucune difficulté. C'est comme le fait d'être *libre*. Lorsque l'on est libre et ouvert, plus on reçoit d'idées nouvelles, plus on est enclin à offrir son énergie. De cette manière, chaque individu aide l'autre et c'est très bénéfique, très utile, particulièrement indispensable à l'époque actuelle.

6 AVRIL

Au niveau le plus grossier, la conscience est tributaire de la matière, mais la conscience subtile est plus indépendante : elle ne dépend pas tellement du cerveau. À l'état de bouddha, l'esprit inférieur disparaît complètement. Les trois qualités subtiles de luminosité, de rayonnement et d'imminence, se fondent dans la *claire lumière*, la conscience la plus profonde.

L'Éveillé, le Parfait Bouddha, affirme que la seule chose qu'il puisse faire est de nous enseigner le *Dharma*, le chemin qui libère de la souffrance. À nous de le mettre en pratique ; il se lave les mains de cette responsabilité !

8 AVRIL

La *bodhicitta* ou esprit d'éveil est le remède qui ranime et redonne vie à tous les êtres qui en entendent parler. Lorsque vous vous engagez à accomplir le bienfait d'autrui, vos propres besoins en sont naturellement satisfaits.

Considérez votre propre corps et votre esprit comme un laboratoire et engagez-vous dans une profonde recherche sur le fonctionnement du mental. Étudiez alors la possibilité d'effectuer quelques transformations positives en vous-même.

Je crois que pour remporter le défi du siècle à venir, tous les humains devront développer un sens plus large de leur responsabilité universelle. Chacun de nous doit apprendre à ne pas travailler simplement pour lui-même, pour sa propre famille ou sa nation mais pour le bienfait de toute l'humanité. Penser en termes de *ma nation, mon pays,* est aujourd'hui dépassé. Se sentir globalement responsable est la véritable clé de la survie de l'homme. De grands mouvements humanitaires naissent à partir d'initiatives individuelles. C'est ce travail individuel pour le bien commun qui fait la différence.

11 AVRIL

Quand vous êtes sincère et honnête dans une société compétitive, les gens peuvent, en certaines circonstances, prendre l'avantage sur vous. Mais si vous les laissez faire, ils risquent d'entreprendre des actions négatives et d'accumuler ainsi un mauvais *karma* qui leur sera néfaste dans le futur. Il est donc tout à fait admissible de réagir, avec une motivation altruiste, pour empêcher ces individus d'avoir à souffrir des conséquences de leurs actes erronés.

Trois qualités permettent aux êtres de comprendre les enseignements : l'objectivité, c'est-à-dire l'ouverture d'esprit ; l'intelligence ou faculté critique de l'esprit, qui nous rend aptes à discerner le sens véritable des enseignements du Bouddha en les analysant ; l'intérêt et la capacité à s'engager, autrement dit l'enthousiasme.

13 AVRIL

Par le passé, un fort sentiment de clivage nous a conduit à la compétition et à la lutte. Mais maintenant, nous dépendons davantage les uns des autres et nous devons donc communiquer, entretenir un dialogue et trouver des compromis. Il serait bon de disposer d'un projectile qui rechercherait et frapperait le véritable fauteur de troubles qui est en nous.

À chaque fois que le bouddhisme s'est implanté dans un nouveau pays, il y a toujours eu quelques modifications dans la manière de l'aborder. Le Bouddha, lui-même, a enseigné différemment, en fonction de l'endroit, des circonstances et de la situation de ceux qui l'écoutaient. Nous avons donc tous la grande responsabilité de comprendre l'essence du bouddhisme et de le mettre en pratique dans notre vie.

15 AVRIL

Il faut comprendre la vacuité dans le contexte de l'interdépendance. Elle doit éveiller en nous le sens de l'intégralité et la compréhension du fait que les phénomènes sont le simple fruit de causes et de conditions. Nous ne devons pas considérer l'ego comme une entité qui était présente à l'origine et que la méditation détruit. Dès le départ, cet ego n'a en fait jamais existé.

16 AVRIL

La vie de tous les êtres de l'univers dépend de l'environnement de la nature. La présence des arbres est associée aux principaux événements de la vie du Bouddha. Sa mère s'adosse à l'un d'entre eux lorsqu'elle lui donne naissance. Lui-même atteint l'éveil, assis sous l'*arbre de la bodhi* et, lorsqu'il quitte ce monde pour l'au-delà, les arbres qui le protègent en sont témoins.

Quoi que nous disions, exprimons-nous clairement et de façon directe, d'une voix calme et plaisante que ne troublent ni l'attachement ni la colère. Regardez les autres avec bienveillance et dites-vous : « C'est grâce à eux que je vais atteindre l'état de bouddha. »

Si nous sommes très endurants, ce qui normalement devrait être considéré comme une douleur intense nous apparaît en définitive moins problématique que nous aurions pu le croire. Mais sans cette patience tenace, l'adversité la plus infime devient insupportable. Beaucoup de choses dépendent de notre attitude.

19 AVRIL

Lorsque, petit à petit, nous descendons en nous-mêmes à travers la méditation, nous découvrons que le sentiment de paix existe déjà en nous. Nous avons tous le profond désir de nous y ouvrir, même si cette aspiration reste souvent cachée, masquée, niée. Observons avec attention la nature humaine : elle est bonne, bien disposée, serviable. Il me semble qu'aujourd'hui la volonté d'harmonie est en train de s'accroître et que notre souhait de vivre ensemble dans le calme se développe de plus en plus. Cet état d'esprit se répand largement dans le monde.

20 AVRIL

Cela vous surprendra peut-être mais je ne suis pas strictement opposé aux spectacles faits de violences et de crimes. Tout dépend des leçons que l'on en retire.

La bonté du cœur est à la fois importante et utile dans la vie quotidienne. Lorsque dans une famille, même sans enfants, chacun manifeste un amour chaleureux envers les autres, l'atmosphère est paisible. Mais dès qu'une personne se met en colère, l'ambiance dans la maison devient immédiatement tendue. Peu importe qu'il y ait de la bonne nourriture ou une belle télévision, la paix et le calme ont disparu. Le bien-être dépend plus de l'esprit que des conditions matérielles. Les objets ont leur importance, bien sûr, et nous devons en avoir pour nous en servir avec discernement. Mais, dans le siècle actuel, nous devons avant tout associer l'intelligence du cerveau à la bonté du cœur.

Tous les problèmes que nous rencontrons dans la vie quotidienne — famine, chômage, délinquance, insécurité, troubles psychologiques, épidémies diverses, drogue, folie, désespoir, terrorisme — se retrouvent partout, même dans les pays riches. Ils proviennent du gouffre grandissant qui sépare les êtres. Notre vieille expérience nous confirme pourtant à chaque instant que tout est lié, que rien ne peut être séparé du reste. Il faut donc combler cet espace qui nous divise.

Les différences physiologiques, telles que la couleur de la peau, les yeux bridés, etc., et la diversité des cultures semblent séparer les êtres. Je pense qu'au contraire elles contribuent à les réunir. Les théories de ségrégations culturelles et ethniques que l'histoire du monde a connues sont absurdes et pernicieuses. Elles ne conduisent à rien d'autre qu'à des impasses sanglantes. Aujourd'hui, alors que des images nous proviennent de toutes les parties de la planète, notre unité profonde me semble particulièrement évidente. Toute institution nouvelle doit adopter cette réalité comme point de départ, comme fondement.

Faire de la publicité pour une bonne cause est tout à fait justifié. Le Bouddha lui-même a vanté l'éveil ou le *nirvana*. Lorsqu'une telle démarche est raisonnable et bénéfique, elle a sa raison d'être ; mais si elle sert uniquement le profit, la tromperie et l'exploitation, si elle induit en erreur, c'est une mauvaise action.

Le type d'expérience, positive ou négative, que nous vivrons au moment de la mort dépend, en grande partie, de la manière avec laquelle nous aurons mené notre vie. Le plus important est de donner un sens à notre quotidien ; il doit être positif et vécu avec bonheur.

En tant que bouddhiste pratiquant, je crois en un régime libéral ; le droit de l'individu et sa liberté sont très, très importants. Mais cela ne veut pas dire que chacun doive se désintéresser de l'autre, de ses droits et de sa liberté.

27 AVRIL

Le *samsara*, la vie conditionnée que nous menons dans le cycle perpétuel de nos tendances habituelles, et le *nirvana*, qui est la véritable libération de ce type d'existence, ne sont rien d'autre que deux manifestations différentes d'un courant de conscience fondamental. Ce continuum est toujours présent. Il est le sens même du tantra. la continuité.

Si un patient est croyant, une maladie mortelle peut se révéler être un marchepied à son évolution personnelle car il s'appuiera alors sur ses convictions. Mais s'il est non-croyant, ses amis devront lui manifester autant de compassion qu'ils le pourront et partager ses problèmes.

29 AVRIL

Le processus de la mort commence par la dissolution des éléments qui composent le corps. Elle se déroule en huit étapes. Cela débute par la dissolution de l'élément terre, puis celui de l'eau, du feu et du souffle. Arrivent ensuite quatre expériences visuelles de différentes couleurs : tout d'abord l'apparition d'une vision blanche, puis l'émergence du rouge suivie d'une noirceur presque totale et celle de la claire lumière de la mort. Par la pratique de la méditation, on peut arriver à expérimenter ce processus de dissolution.

De nos jours, le monde est de plus en plus matérialiste. Poussée par un désir insatiable de pouvoirs et de possessions sans limites, l'humanité atteint les sommets du progrès extérieur. Mais dans ce monde où tout est relatif, cet effort perfectionniste est vain. Il nous éloigne encore davantage de la paix intérieure et du bonheur de l'esprit. Nous en sommes tous témoins, vivant, comme nous le faisons, tourmentés par une anxiété permanente en cette époque redoutable qui regorge d'armements monstrueux. Il devient de plus en plus urgent de reconnaître la vie spirituelle comme étant la seule base solide sur laquelle peuvent s'établir le bonheur et la paix.

MAI

Pierres-Mani, Lhassa, Tibet, 1986

1er MAI

Lorsque nous mourrons, nous ne pourrons rien emporter avec nous, sauf les graines du travail accompli dans notre vie et celles de la connaissance spirituelle acquise.

Je crois que la clé du bonheur et du succès réside dans le développement de la compassion. Ceci est valable à tous les niveaux : au niveau de la société, de la famille, de la communauté, au niveau national et international.

Le bonheur est une prérogative humaine. Tout le monde est à sa recherche et chacun est habilité à le faire, au même titre que les autres. Personne n'est en quête de souffrance. La justice et l'égalité sont, elles aussi, des exigences humaines ; mais leur mise en application doit se baser sur l'altruisme et ne pas avoir été corrompue par une volonté de pouvoir ou de richesse. Pour que la justice et l'égalité puissent coexister, il est essentiel de développer cette motivation altruiste. Celle-ci ne pourra s'établir qu'en élaborant un solide code moral de l'environnement social. C'est une nécessité préalable indispensable.

4 MAI

Les idéaux sont très importants dans la vie. Sans eux, vous ne pouvez évoluer. Que vous parveniez à les réaliser ou non importe peu, l'essentiel est d'essayer de les atteindre et de s'en approcher.

5 MAI

Lorsqu'un enfant difficile, dont les parents ont pratiquement baissé les bras, commence soudain à mieux agir et à bien se comporter, ses proches éprouvent une joie indicible. Il en va de même pour un maître spirituel : celui qui s'en remet à lui de la façon appropriée le comble de bonheur et purifie rapidement ses propres négativités.

6 MAI

La décision ultime doit toujours être en lien avec la raison et le sens critique de l'individu.

7 MAI

Nous avons pris naissance un nombre incalculable de fois. Il est donc possible que chaque être ait été un de nos parents à un moment ou à un autre. Très vraisemblablement, tous les êtres de l'univers ont des liens familiaux avec nous.

Selon le système médical tibétain, les désordres physiques d'ordre musculaire ou cutané sont liés à l'*ignorance* ; les maladies des os ont un rapport avec la *colère* et les affections du sang avec l'*attachement*.

9 MAI

Comme l'enseigne la Bible, les épées peuvent être transformées en socs de charrue. Cette image est magnifique : une arme devient un outil et sert les besoins vitaux des hommes. Voilà une attitude de désarmement intérieur et extérieur.

Il est souvent rappelé au disciple qu'il doit, au départ, minutieusement observer le comportement de son gourou ou de son maître potentiel, pour voir si ses actes sont en accord avec ce qu'il enseigne, quand bien même cet examen devrait prendre une douzaine d'années.

Lorsque vous voulez analyser quelque chose avec sagesse, vous ne pouvez y parvenir si votre esprit n'est pas posé. Pour cette raison, la méditation de *vipassana*, la vision pénétrante, doit s'accompagner, ou recevoir le soutien, de celle de *samatha*, le calme mental. C'est ce que l'on appelle l'union de *samatha* et *vipassana*. Pour ces deux types de méditation, le support choisi n'est pas le facteur déterminant ; c'est la manière d'en être conscient qui importe.

12 MAI

Il m'arrive encore parfois d'être irrité et en colère. J'ai alors des mots durs envers les autres. Puis quelques instants plus tard, quand la colère s'est dissipée, je suis très embarrassé : les paroles négatives ont déjà été prononcées et il n'y a aucun moyen de les rattraper. Quelque chose a été exprimé et, même si le son de la voix a disparu, il y a un impact qui continue d'exister. La seule chose que je peux faire, alors, n'est-elle pas de m'approcher de la personne et de m'excuser ?

Quand je doute de mon existence, je me pince. Notre connaissance du monde et de nous-mêmes est certes illusoire, mais il y a pourtant une entité, qui est *non-née, non-devenue*. Sans elle, nous n'existerions pas. Notre mode d'être est à la fois relatif (à l'activité de notre esprit) et conditionné (par toutes les autres existences).

14 MAI

Si nous considérons le progrès matériel, nous nous apercevons qu'une recherche entamée par quelqu'un peut toujours être poursuivie par un autre. Dans le domaine de l'évolution spirituelle, c'est impossible. La réalisation dont il est question dans l'enseignement du Bouddha doit être accomplie par l'individu en personne. Nul autre ne peut le faire à sa place.

15 MAI

Le pouvoir que nous nous sommes attribué sur les choses nous procure une certaine ivresse. À cause de celle-ci, nous perdons le contrôle de notre appétit. Nous voulons plus, toujours plus. Au lieu d'apaiser le feu, nous l'activons ; au lieu de rechercher la pacification intérieure, qui est la seule chose qui compte, nous multiplions nos moyens de conquête. Nous oublions même de vérifier si la réalisation de notre désir correspond réellement à ce que nous voulions.

16 MAI

Une bonne motivation induit une bonne action. La beauté de l'acte réside dans la méthode employée tandis que celle du résultat constitue ce que l'on nomme la bouddhéïté. En général, la notion de beauté est associée à quelque chose de positif. Mais si votre esprit est trop attaché à cette chose, si vous vous y accrochez de façon inappropriée, cela peut mener à la destruction. Je me demande alors quelle est la définition de la beauté. Peut-on considérer beau l'art de tuer, en particulier lorsqu'il est pratiqué de manière indolore ? Que dire de l'art de la guerre qui, à moindre coût, fait des dégâts énormes ? Certains y voient là peut-être une forme de beauté.

À travers l'écoute, notre esprit peut s'ouvrir à la foi et à la dévotion. Nous devenons ainsi capables de cultiver en nous-mêmes la joie et de stabiliser notre esprit. C'est grâce à l'écoute que nous apprenons à développer la sagesse et à dissiper l'ignorance. S'engager dans l'étude des enseignements est donc tout à fait justifié, même si cela met en jeu notre vie. La pratique de l'écoute est semblable à un flambeau qui dissipe les ténèbres de l'ignorance. Celui qui enrichit ainsi son propre courant de conscience ne craint plus personne. Nul ne peut lui voler sa richesse : il possède le bien suprême.

Si vous vous engagez à pratiquer le don, vous devez le faire avec un esprit heureux et le visage rayonnant. Un être vraiment généreux a l'esprit exalté et le sourire aux lèvres.

Les ascètes qui vivent dans la forêt ne jouissent d'aucun confort ; ils pratiquent pourtant le don et maintiennent une conduite pure avec une détermination inébranlable. Inutile donc de préciser que ceux qui vivent dans un contexte favorable doivent, eux aussi, adopter la conduite pure du *Dharma* avec la même détermination inflexible.

Lorsque nous formulons le souhait « Puisse l'enseignement du Bouddha être prospère », nous voulons dire par là qu'il doit s'épanouir dans nos esprits. Vous pouvez y parvenir en cultivant dans votre conscience les qualités enseignées par le Bouddha. Cet enseignement ne peut prendre place extérieurement : nous devons l'intégrer dans notre esprit.

21 MAI

Un individu en colère ne peut apprécier pleinement la saveur de la nourriture ; il ne dort pas bien et perd ses amis. Son esprit est tellement perturbé qu'il ne cesse de se plaindre ; les réflexions des autres le dérangent.

Si, chaque jour, vous mangez toujours le même genre de nourriture, au petit-déjeuner, déjeuner et dîner, vous en aurez vite assez et vous ne voudrez plus manger. Une variété de choix est donc préférable et c'est pareil en ce qui concerne la religion : l'existence d'une grande diversité de religions est nécessaire.

23 MAI

Beaucoup de gens pensent que manifester de la patience ou de l'acceptation pour supporter une perte est un signe de faiblesse. Je crois qu'il n'en est rien : c'est la colère qui est un signe de faiblesse. La patience, elle, est une preuve de force. Lors d'un débat, par exemple, celui dont les arguments se basent sur des raisons valables reste confiant et il peut même sourire en défendant sa cause. Par contre, celui dont les propos sont infondés, et qui est sur le point de perdre la face, risque de se mettre en colère ; il perd le contrôle de lui-même et commence à dire des choses insensées. Les gens se laissent rarement emporter lorsqu'ils ont confiance en ce qu'ils font. La colère s'élève plus facilement dans les moments de confusion.

24 MAI

C'est une erreur de penser que les notions d'amour, de compassion et de pardon sont des valeurs purement religieuses. Ce point de vue étroit nous amène à croire que ces problèmes moraux ne peuvent être traités en dehors d'une foi religieuse.

25 MAI

Il y a, je crois, deux sortes de peur. La première se manifeste lorsqu'une situation est très délicate, voire critique. J'ai conscience, à ce moment-là, de devoir prendre une décision, sans forcément savoir laquelle est la bonne. J'essaie d'abord de consulter mes amis, puis je réfléchis. Ensuite je me décide et j'agis. Je n'ai jamais aucun regret. Au fond, tout dépend entièrement de ma motivation. Si je n'ai aucune intention négative ni égocentrique, alors, en mon for intérieur, il n'y aura aucun sentiment de faute. L'autre forme de peur est basée sur l'imagination. Pour la surmonter, le calme est nécessaire. On peut ainsi mieux analyser les choses. Un examen détaillé dissipe la peur imaginaire.

26 MAI

Si un individu n'a jamais reçu d'amour de la part de qui que ce soit, c'est très triste. Mais s'il rencontre ne serait-ce qu'une seule personne qui lui manifeste un amour inconditionnel, qui l'accepte tout simplement avec compassion, s'il devient l'objet d'amour et d'affection de quelqu'un d'autre, cela va avoir un très fort impact. Il en sera extrêmement touché car il y a une graine en lui et cet acte d'amour va servir de catalyseur et permettre à cette graine de mûrir.

27 MAI

Il y a un point crucial dans la compréhension des textes du Mahayana. Il s'agit du principe des quatre confiances :

– la confiance dans l'enseignement et non dans celui qui enseigne ;
– la confiance dans le sens exprimé et non dans les mots qui l'expriment ;
– la confiance dans le sens ultime et non dans l'enseignement circonstanciel ;
– la confiance dans la sagesse transcendante de l'expérience profonde et non dans le simple savoir.

En un sens, nous pouvons dire que c'est l'illusion elle-même, sous la forme d'une sagesse issue de l'illusion qui, en fait, détruit les apparences trompeuses. De la même manière, la sublime expérience de la vacuité, induite par le désir sexuel, dissout les forces de l'impulsion sexuelle. Il y a là une analogie avec les insectes qui naissent du bois : ils dévorent la matière même dont ils sont issus. Ce type de processus utilisé sur le chemin de l'éveil est une spécificité propre au tantra.

29 MAI

On me demande parfois si le vœu de célibat est vraiment enviable et s'il est véritablement possible de le respecter. Inutile de préciser qu'il ne s'agit pas simplement de supprimer les désirs sexuels. Il faut, au contraire, en accepter complètement l'existence et s'évertuer à les transcender par le pouvoir de la raison. Lorsque cette démarche est couronnée de succès, son résultat peut être très bénéfique pour l'esprit. Le problème avec l'envie sexuelle est que c'est un désir aveugle et qu'il ne peut procurer qu'une satisfaction temporaire. C'est pourquoi Nagarjuna rappelait : « Lorsque vous avez une démangeaison, vous vous grattez. Mais plutôt que de vous arracher la peau, il vaut mieux ne pas avoir de démangeaison du tout. »

30 MAI

Le fait d'expérimenter de la souffrance contribuera, de façon certaine, à vous faire progresser dans votre vie spirituelle, dans la mesure où vous saurez transformer en chemin les calamités et l'infortune.

31 MAI

La discipline est un ornement incomparable : qu'elle soit adoptée par les jeunes, les adultes ou les personnes âgées, elle procure uniquement le bonheur. C'est le parfum par excellence et, contrairement aux senteurs ordinaires qui se répandent seulement avec le vent, son arôme rafraîchissant s'exhale spontanément dans toutes les directions. Onguent incomparable, la discipline soulage de toutes les douloureuses brûlures de l'illusion.

JUIN

Le Jokhang, Lhassa, Tibet, 1986

1ER JUIN

Lorsque nous sommes capables de reconnaître et de pardonner des actions accomplies par ignorance dans le passé, nous devenons plus forts et plus aptes à résoudre, de façon constructive, les problèmes présents.

2 JUIN

Les vrais amis partagent une intimité sincère et restent amis indépendamment des aléas de la vie. Une telle sollicitude pour les autres est une grande vertu mais elle est aussi, d'une certaine manière, égocentrique puisqu'au fond elle est fondée sur notre propre intérêt et notre propre bienfait.

3 JUIN

La principale cause de dépression n'est pas due à une carence de biens matériels mais à un manque d'affection de la part des autres.

4 JUIN

La colère et la haine ne peuvent apporter l'harmonie. Ceux qui tentent de limiter la prolifération des engins de guerre et de contribuer au désarmement ne peuvent accomplir cette noble tâche dans un climat de confrontation ou de condamnation : ces attitudes hostiles ne font qu'attiser les situations conflictuelles. Un sentiment de respect sincère, au contraire, apaise peu à peu ce qui autrement risquerait de devenir explosif. Nous devons reconnaître les contradictions qui existent entre le court et le long terme : un bienfait immédiat peut se révéler être, à longue échéance, une nuisance.

5 JUIN

Dans la méditation axée sur le calme mental, on distingue neuf degrés. Dans l'un d'eux, il est demandé d'abandonner tout effort. À ce stade, il est nécessaire de développer une concentration sans effort, ce qui signifie que l'esprit devient très calme et laisse s'épanouir pleinement toutes les qualités positives qui lui sont propres. Si, dans un tel instant, vous faites un effort, cela perturbera la tranquillité. Pour la maintenir dans toute sa pureté, il faut accomplir un effort sans effort.

6 JUIN

J'ai eu, une fois, l'occasion d'entrer dans un hôpital à Calcutta. On y utilisait d'énormes appareils mais les diagnostics étaient pleins d'erreurs. Nos médecins tibétains palpent les poignets d'un patient, prennent ses différents pouls et l'auscultent sans aucun instrument. Ils déterminent ainsi avec une grande précision ce qui ne va pas. Cette méthode globale est tout à fait remarquable.

7 JUIN

Un individu très pauvre et défavorisé peut penser que la possession d'une automobile ou d'une télévision est une chose merveilleuse. S'il réussit à les acquérir, il en sera très heureux au début. Mais un tel bonheur est impermanent, sinon il devrait durer toujours et ce n'est pas le cas. Cet enchantement disparaît peu à peu. Au bout de quelques mois, il va falloir changer de modèle car ces mêmes objets qui étaient sources de bonheur sont maintenant dépassés ; ils deviennent donc cause d'insatisfaction. Telle est la nature du changement.

8 JUIN

Le principe de l'interdépendance nous apprend que rien n'apparaît sans cause : ni les choses, ni les événements. Ainsi, les conditions de souffrances et d'insatisfactions ne sont que le résultat de nos propres illusions et des actions impures qui en découlent.

9 JUIN

Les rêves sont le produit de l'esprit et, derrière ces simples apparences, il n'y a aucun objet tangible. De la même manière, les notions de *moi* et des *autres*, de *samsara* et de *nirvana*, ne correspondent qu'à un nom et à la connaissance que nous en avons. Aucun objet n'a d'existence inhérente.

10 JUIN

La bouddhéïté est un état libre de toute entrave à la connaissance ; aucune émotion perturbatrice ne saurait la troubler. Elle est la parfaite présence d'esprit.

11 JUIN

Le sentiment de culpabilité, tel qu'il est éprouvé dans la culture occidentale, est relié à une absence d'espoir et au découragement : c'est un regard orienté vers le passé. Mais le remords authentique, par contre, est un état d'esprit sain : tourné vers l'avenir, il est associé à l'espoir et nous pousse à agir et à nous transformer.

12 JUIN

Lorsque l'on étudie un texte, il faut tenir compte des circonstances, de la situation, de l'époque, de la société et de la communauté dans laquelle l'œuvre a été écrite, ou l'enseignement donné, à l'origine.

13 JUIN

Puisque tout est illusion, certains peuvent se demander quelle est l'utilité de se libérer d'une souffrance illusoire au moyen d'un antidote, lui-même illusoire ? Pour répondre à cette question, nous devons comprendre que la souffrance illusoire est le fruit de causes et de conditions elles-mêmes illusoires. Bien que la douleur n'ait pas d'existence réelle, nous continuons, malgré tout, à souffrir et nous ne le souhaitons bien évidemment pas. On peut d'ailleurs remarquer que le bonheur est aussi une illusion ; nous y aspirons pourtant. Des antidotes illusoires sont donc utilisés pour se libérer de ces souffrances dénuées de réalité, tout comme un magicien se sert d'une illusion magique pour en contrer une autre.

Faire de son mieux consiste à éprouver de la joie en accomplissant le bien. Pour cela, il est nécessaire de balayer tout ce qui peut aller à l'encontre de nos efforts, en particulier la paresse et ses dérivés : éprouver un plaisir indu dans l'oisiveté et le sommeil, être indifférents au fait que le *samsara*, le cycle des existences conditionnées, est un état de souffrance.

15 JUIN

Le clonage est un moyen de reproduction facile et précis. Mais il implique que nous mettons un terme à nos possibilités d'évolution : nous nous déclarons parfaits et en restons là. D'un autre côté, si nous parvenons à l'immortalité, c'est-à-dire si nous supprimons la mort, nous devrons du même coup supprimer la naissance, sinon la terre deviendra très vite surpeuplée.

16 JUIN

Une chose ne peut être mise en doute : c'est la *qualité potentielle* qui est en nous. On l'appelle *prajna* ou sagesse. Nous pouvons tout rejeter sauf le fait que nous avons toujours la possibilité de nous améliorer. Pensez simplement à cela.

17 JUIN

Nous pouvons, en général, percevoir ce que les animaux ressentent en observant leur attitude et ce que dénote leur expression. Les humains sont beaucoup plus sophistiqués : vous pouvez les comprendre jusqu'à un certain point, mais les apparences sont souvent trompeuses. Ils peuvent, par exemple, avoir l'air très bien au début et se révéler méchants par la suite, ou, au contraire, paraître détestables dans un premier temps alors qu'en définitive ils sont bons et dignes de confiance.

Quand un problème se pose ou lorsque quelqu'un est sur le point de nous déranger, nous nous mettons immédiatement en colère. Cette émotion se présente comme une aide, un assistant : elle nous rend téméraires, courageux et nous pouvons ainsi faire face à la situation et y répondre. Lorsque l'attachement survient, il arrive comme notre meilleur ami ou notre compagnon le plus proche. Colère et attachement font tous deux foncièrement partie de nous, de notre esprit. D'habitude, nous considérons que leur présence va de soi et nous ne nous préoccupons pas outre mesure lorsqu'ils surgissent dans notre esprit. C'est parce qu'ils se présentent ainsi, en tant qu'amis ou aides, que la colère et l'attachement parviennent si bien à nous tromper.

19 JUIN

La foi dissipe le doute et l'hésitation ; elle nous libère de la souffrance et nous donne accès à la cité du bonheur et de la sérénité. Elle apaise l'agitation qui trouble notre esprit et lui rend sa clarté. Diminuant l'orgueil, elle est la racine de la vénération. Lac suprême, elle permet de naviguer facilement d'une étape de la voie spirituelle à une autre. Elle est la main qui rassemble toutes les qualités vertueuses.

Le Bouddha n'a jamais dit que les problèmes auxquels nous devons faire face avaient pour cause une malfaçon dans la construction d'une maison ou un mauvais choix de date ou d'heure dans le démarrage d'un projet ou d'un travail. Il a toujours enseigné que les expériences négatives étaient le fruit d'actions, elles aussi négatives, accomplies dans le passé. Pour un bon pratiquant, il n'y a donc pas d'années fastes ou néfastes, ni de bons ou de mauvais jours.

21 JUIN

Se cantonner dans le découragement n'est pas un comportement digne d'un être humain. Nous ne sommes ni des oiseaux ni des bêtes et il ne nous suffit pas simplement de nous lamenter et de nous plaindre : nous devons nous servir de notre intelligence et travailler dur.

22 JUIN

L'amour, la compassion et le sens du pardon font, je crois, partie de la nature humaine ; la foi se développe plus tard. Grâce à elle, nous pouvons mener une vie heureuse ; mais si nous ne prenons pas soin d'autrui, si nous n'avons aucun sens de l'engagement et de la responsabilité, nous ne connaîtrons ni réussite ni bonheur.

23 JUIN

Si vos intentions sont sincères, vous n'avez rien à cacher et, en conséquence, vous avez une attitude ouverte. C'est le vrai et juste moyen de communiquer ; ce ne sont pas des paroles en l'air.

24 JUIN

Lorsque l'esprit est centré en un point de façon stable, posé sur l'objet de la méditation, certains types de concepts ou d'idées fausses cessent. Ils n'ont plus la possibilité d'apparaître. Mais dès que votre méditation s'achève, ils ressurgissent immédiatement. Il s'agit donc d'un apaisement tout à fait temporaire, semblable à une aspirine qui soulage une migraine. Pour déraciner tous ces concepts, vous devez cultiver la sagesse en méditant sur la vacuité.

25 JUIN

Pour comprendre la nature de l'esprit, il est nécessaire d'analyser la pensée dans la méditation. Lorsque vous vous mettez en colère ou lorsqu'un fort désir s'élève, oubliez l'objet qui suscite ces émotions et portez, au contraire, votre attention sur la nature même de cette colère, de ce désir.

26 JUIN

Le temps ne s'immobilise jamais : il s'écoule constamment. Aucun obstacle ne l'arrête et notre vie passe de la même manière. Si quelque chose va mal, il est impossible de revenir en arrière pour un nouvel essai. De ce point de vue, il n'y a pas, à proprement parler, de seconde chance.

27 JUIN

Dans les tantras, un simple mot ou expression peut avoir quatre sens différents. Ils correspondent aux quatre niveaux d'interprétation que l'on appelle les quatre modes de compréhension : (1) celle du sens littéral, (2) du sens général, (3) du sens caché, (4) du sens ultime.

Je n'ai aucune expérience dans la mise en application des pratiques de psychothérapies occidentales sur la voie bouddhiste. Par contre, je sais que, pour celui ou celle qui suit un chemin spirituel, l'intimité est primordiale, en particulier lorsque l'on tente de surmonter ses problèmes mentaux. Vous ne pouvez vous ouvrir mentalement qu'avec quelqu'un en qui vous avez la plus profonde confiance, quelqu'un dont votre cœur se sent très proche. Cette ouverture est une étape importante dans le dépassement des problèmes mentaux.

29 JUIN

Dans une certaine mesure, la Terre est notre mère. Une mère si bienveillante ! Elle tolère tout ce que nous lui faisons subir. Mais maintenant, le temps est venu où notre capacité de destruction est si grande que la Terre-mère est obligée de nous dire : « Faites attention ! » L'explosion démographique et tant d'autres indicateurs ne sont-ils pas des signes évidents ? La nature a ses propres limites naturelles.

30 JUIN

Le calme, la stabilité mentale, est un état de conscience intense centrée en un point qui s'accompagne de facultés de souplesse mentale et physique. Le corps et l'esprit deviennent particulièrement flexibles, réceptifs, à disposition. La vision profonde est également un état de conscience intense qui s'accompagne, elle aussi, d'une souplesse mentale et physique. Sa faculté d'analyse est extrêmement développée. Le calme mental est donc par nature un état d'absorption tandis que la vision profonde a un caractère analytique.

JUILLET

Le Jokhang, Lhassa, Tibet, 1986

© Maurice Galut

1er JUILLET

J'essaye de considérer tous ceux que je rencontre comme de vieux amis. Cela me procure un véritable sentiment de bonheur. Telle est la pratique de la compassion.

En cas de drame, nous devons en premier lieu porter assistance ; il sera toujours temps, ensuite, de parler de ses causes. Un dicton indien affirme : « Si vous êtes touché par une flèche empoisonnée, le plus important est de la retirer. Ce n'est pas le moment de vous demander qui a tiré, ni de quelle sorte de poison il s'agit. » Prenons d'abord en main le problème immédiat, nous l'analyserons ensuite. De la même manière, lorsque nous sommes confrontés à des souffrances humaines, il faut y répondre avec compassion au lieu de nous demander à quel bord politique appartiennent ceux que nous aidons.

3 JUILLET

En fonction des influences karmiques, le monde est perçu de manière différente selon les êtres. Lorsqu'un homme, un dieu et un *preta*, esprit avide, regardent un bol d'eau, les facteurs karmiques de chacune de ces trois formes d'existences les conduisent à une expérience qui leur est propre : le premier verra de l'eau, le deuxième du nectar tandis que le dernier percevra du sang. Le même objet apparaît différemment aux êtres selon les forces particulières de leur *karma*.

La corrélation entre l'éthique et la politique doit s'opérer sur la base de profondes convictions morales. Lorsque ce sont elles qui servent de ligne directrice aux acteurs de la politique, l'homme et la société recueillent d'abondantes moissons bienfaitrices. Il est absurde d'affirmer que la religion et la morale n'ont aucune place en politique et qu'un religieux doit se contenter de vivre en ermite.

5 JUILLET

Je crois en la justice et en la détermination humaine. L'histoire de l'humanité a déjà prouvé que la volonté de l'homme est plus puissante que les armes. Bien qu'au Tibet nous vivions la période la plus dure de notre histoire, je suis convaincu que le peuple tibétain, sa culture et sa foi survivront et s'épanouiront une fois encore.

6 JUILLET

Les relations humaines basées sur une compassion et un amour mutuels sont d'une importance fondamentale pour le bonheur des hommes.

7 JUILLET

Nous devons nous réjouir du succès d'autrui, plutôt que d'en être malheureux et pleins de haine.

8 JUILLET

Contrairement à un adversaire extérieur, l'ennemi intérieur ne peut rassembler ses forces et préparer une contre-attaque lorsqu'il a été détruit de l'intérieur.

9 JUILLET

De nombreuses circonstances nous rendent injustes, ambitieux ou agressifs. Tout, autour de nous, nous y pousse, souvent pour des raisons matérielles : « Je dois posséder tel ou tel objet, sinon ma vie sera pitoyable. » Le monde nous est présenté comme étant essentiellement compétitif, avec d'un côté les *battants* et de l'autre les *laissés pour compte*. Mais cette vision est fausse, délibérément fausse. C'est un survol des apparences, un aperçu rapide qui élimine tout regard en profondeur vers ce que l'on est, et empêche toute méditation et réflexion.

10 JUILLET

Le pouvoir des médias, direct ou indirect, est réel. Il agit sur nous et modifie notre comportement, nos goûts et probablement nos pensées. Comme tout ce qui fait autorité, cette influence ne peut être laissée au hasard, sinon elle risque de devenir arbitraire et irresponsable. Cet ascendant donne aux hommes de communication des responsabilités comparables à celles des religieux et des politiciens. À leur manière, ils contribuent à l'établissement et au maintien de la société humaine. Le bien-être de celle-ci doit donc être leur principal souci.

11 JUILLET

L'entraînement de l'esprit est un art. Notre vie est un art, si on peut la considérer comme telle. Je ne m'intéresse pas à l'art dans son aspect matériel, je me contente de méditer et d'entraîner mon esprit. En ce qui concerne les apparences extérieures, la nature, dans sa forme primitive, est aussi un art.

Si vous vous appuyez sur quelqu'un qui a des qualités inférieures aux vôtres, cela vous conduira à la déchéance. En vous associant avec un individu qui a des qualités semblables aux vôtres, vous demeurez tel que vous êtes. Mais lorsque vous vous en remettez à un être aux qualités supérieures aux vôtres, cela vous aide à atteindre un état sublime.

13 JUILLET

Je pense parfois que l'acte du don de nourriture est une des racines fondamentales des relations entre les êtres.

14 JUILLET

Lorsque des étudiants sincères mettent en évidence les fautes de leur gourou et révèlent son comportement contradictoire, cela aide le maître à corriger son attitude et à réparer ses mauvaises actions.

15 JUILLET

La racine du bonheur et de la souffrance réside en la maîtrise ou non de notre état d'esprit. Pratiquer le *Dharma* dans notre vie quotidienne signifie observer notre esprit.

Lorsqu'un problème se pose, essayez tout d'abord de rester humble, de conserver une attitude sincère et de veiller à ce que la solution soit équitable. D'autres risquent, bien sûr, de vouloir en profiter. Si votre détachement ne fait qu'encourager des attitudes injustes et agressives, adoptez une position forte. Faites-le néanmoins avec compassion et, s'il le faut, exprimez avec force votre point de vue et prenez les mesures qui s'imposent, sans colère ni intention malveillante.

17 JUILLET

Selon la philosophie bouddhiste, tous les êtres vivants dotés d'un esprit et d'une conscience peuvent devenir des bouddhas. Ce potentiel subtil de la conscience est appelée graine de bouddhéïté. Il constitue la base du bouddhisme en général et, plus particulièrement, du bouddhisme Mahayana ou Grand Véhicule.

18 JUILLET

Notre attitude envers les autres doit toujours être positive. Se sentir concernés par eux ne signifie pas avoir un sentiment de pitié à leur égard. Nous devons, avant tout, les traiter avec grand respect car ils sont précieux. Apprenons à les considérer comme étant sacrés, supérieurs à nous-mêmes.

19 JUILLET

La chose la plus importante dans la vie humaine est l'affection. Sans elle, nul ne peut atteindre un bonheur véritable. Si nous aspirons à une vie plus heureuse, à une famille plus heureuse, à un plus large bonheur chez nos voisins et dans notre pays, cette qualité intérieure en est la clé. Quand bien même les six milliards et demi d'individus qui habitent cette planète deviendraient millionnaires, il ne pourrait y avoir de paix ou de félicité durables sans ce développement intérieur.

20 JUILLET

Les armes ou la force militaire peuvent, en certaines circonstances et à certains moments, conduire à une paix relative. Mais, à long terme, il est impossible d'obtenir la paix dans le monde, une paix véritable et durable, à travers la confrontation militaire ou la haine et la suspicion. La paix mondiale doit s'épanouir sur la base d'esprits pacifiés, sur la confiance et le respect mutuels.

Dans les circonstances actuelles, personne ne peut se permettre de croire qu'un autre que lui va résoudre ses problèmes. Chaque individu a sa part de responsabilité pour aider notre famille planétaire à aller dans la bonne direction. Les souhaits, si positifs soient-ils, ne suffisent pas : nous devons passer aux actes.

22 JUILLET

Ceux qui fabriquent des bombes sont des spécialistes. Ils se concentrent sur un sujet extrêmement limité et deviennent très experts en ce domaine. Ils ne voient pas les conséquences énormes de leurs actes : ils ont une sorte de *vision-tunnel*. Tant qu'ils se focalisent ainsi, ils se trompent eux-mêmes, mais, dans la perspective de ceux qui les exploitent, ils accomplissent de grandes choses. Ainsi, selon leur propre point de vue, dans le domaine qui est le leur, ils réalisent des choses extraordinaires.

23 JUILLET

Le gourou, le maître spirituel est responsable de son inconduite mais il en va de la responsabilité du disciple de ne pas se laisser entraîner à son tour. Quand c'est le cas, les deux sont à blâmer. L'étudiant d'une part, parce que, trop obéissant et dévoué au maître, il accepte aveuglement ses conseils, ce qui le dépouille de sa personnalité. Et l'enseignant, bien sûr, car il n'est pas suffisamment intègre pour être à l'abri de cette sorte de vulnérabilité.

24 JUILLET

Lorsque, grâce à des rituels et des actes formels, vous créez l'espace et l'atmosphère spirituels que vous recherchez, le processus mis en place a alors un effet puissant sur votre expérience. Mais si vous n'avez pas cette dimension intérieure vis-à-vis de l'expérience spirituelle à laquelle vous aspirez, les rituels deviennent de simples formalités, des artifices extérieurs. Dans ce cas, ils perdent évidemment leur sens et ne sont plus que des habitudes inutiles, juste une bonne excuse pour passer le temps.

25 JUILLET

L'inconduite sexuelle a des conséquences spirituelles et sociales négatives. Elle cause la disharmonie dans la vie des couples et a un effet néfaste sur leurs enfants. Le viol est encore pire : on utilise la force pour nuire physiquement à autrui. Tout ceci débouche sur des affrontements juridiques et multiplie les problèmes sociaux.

26 JUILLET

Lorsque les autres nous insultent, nous réprimandent ou nous adressent des paroles déplaisantes, cela peut susciter en nous une douleur intolérable, semblable à une épine plantée dans le cœur. Mais si nous comprenons le sens des enseignements, nous pouvons reconnaître que ces mots sont, en essence, dénués de toute réalité, qu'ils sont semblables à un écho. Ainsi, nous n'expérimenterons pas le moindre trouble mental, exactement comme si l'on s'en prenait à un objet inanimé.

27 JUILLET

Aujourd'hui nous devons faire face à de nombreux problèmes. Pour une part, il s'agit de calamités naturelles que nous devons accepter et affronter du mieux que nous pouvons. Mais d'autres sont causés par l'homme, par son comportement incorrect et ses pensées malveillantes ; ce genre de difficulté pourrait donc être évité. On voit par exemple apparaître des conflits pour des raisons idéologiques voire même religieuses : des hommes se battent les uns contre les autres et perdent la mesure humaine de leurs projets et de leurs buts. Les différentes croyances et systèmes ne sont que des méthodes pour atteindre un but qui, dans la majorité des cas, consiste à être heureux dans la vie. Nous ne devons, donc, à aucun moment privilégier les moyens par rapport au but.

28 JUILLET

Depuis la nuit des temps, les êtres naissent et renaissent dans le cycle des existences conditionnées. Chacun de nous a, dans ses vies passées, rempli le rôle de mère, un nombre incalculable de fois. Le sentiment qu'éprouve une mère pour son enfant est un exemple classique d'amour. Pour assurer la sécurité, la protection et le bien-être de son enfant, une mère est prête à sacrifier sa vie. Conscients de cela, les enfants doivent montrer de la reconnaissance envers leur mère et exprimer leur gratitude en accomplissant des actions vertueuses.

29 JUILLET

Au cours des siècles, les différentes religions ont été d'un immense bienfait pour des millions de personnes. Il est fort dommage que cette diversité d'identité religieuse soit la cause de querelles, de troubles et de dissensions. Si nous étudions les diverses religions et observons leurs capacités à faire évoluer les humains de façon positive, nous trouvons suffisamment de raisons pour développer un respect sincère vis-à-vis de toutes.

30 JUILLET

On affirme qu'il existe une relation entre le rêve et les niveaux grossiers et subtils du corps. Mais on parle également d'un *état onirique particulier* dans lequel l'esprit et l'énergie vitale du corps donnent naissance à un *corps onirique particulier*. Ce dernier est capable de se dissocier totalement de la forme physique grossière et de voyager n'importe où. Pour générer ce corps onirique, il faut, tout d'abord, reconnaître le rêve comme étant un rêve, puis découvrir qu'il est malléable. On pourra, dès lors, s'efforcer d'en obtenir la maîtrise.

31 JUILLET

En ce qui concerne ma véritable pratique quotidienne, je consacre au moins cinq heures et demie par jour à la prière, la méditation et l'étude. En outre, je prie aussi à chaque fois que l'occasion se présente dans la journée, par exemple pendant les repas ou en voyage. Dans ce dernier cas, j'ai trois raisons principales de le faire : la prière m'aide, tout d'abord, à accomplir mon activité quotidienne ; elle me permet aussi de passer le temps de façon utile et enfin, elle apaise ma peur ! Plaisanterie mise à part, je ne vois rien qui distingue la pratique religieuse de la vie quotidienne.

AOÛT

Pierres-Mani, Dharamsala, Inde, 1996

1er AOÛT

Il y a deux sortes de désir. Tout d'abord, le désir tourné vers le bien. C'est lui qui nous pousse à être déterminés : selon les bouddhistes, nous atteindrons la bouddhéïté grâce à ce désir. Le second type de désir, lui, ne se base sur aucune raison. Il dit simplement : « Je veux ceci, je veux cela. » N'ayant aucun fondement, il mène le plus souvent au désastre.

2 AOÛT

Le degré de conscience est plus ou moins subtil selon l'état dans lequel se trouve l'individu. On distingue ainsi trois niveaux : le plus grossier correspond à l'état de veille ; vient ensuite l'état onirique, qui est plus subtil. Plus subtil encore, le sommeil profond dans lequel il n'y a pas de rêve. On peut établir cette même distinction pour les phases de naissance, de mort et de *bardo* ou état intermédiaire. Renaissance et réincarnation prennent place sur la base de la continuité du courant de conscience.

3 AOÛT

Nous devons tous mener une vie basée sur l'attention et la compassion et agir du mieux que nous le pouvons. Quoi qu'il arrive, nous n'aurons ainsi aucun regret.

4 AOÛT

Le principe de la cause et du résultat s'applique aussi bien à ce qui nous perturbe qu'à ce qui est libérateur. Les véritables souffrances et causes de souffrances correspondent à la manifestation de ce principe lorsqu'il concerne des choses dont nous ne voulons pas. Le fruit de la véritable cessation et sa cause, le chemin authentique, sont, eux, en rapport avec ce que nous désirons.

Être végétarien est une chose admirable. Néanmoins, dans le bouddhisme, il n'y aucun interdit catégorique de manger de la viande. Ce qui est spécifiquement défendu, c'est de vous nourrir d'une viande que vous avez demandée, tout en sachant, ou même en ayant simplement le doute, qu'elle provient d'un animal qui a été tué spécialement pour vous.

Lorsque l'on reçoit des enseignements, il est important d'avoir une attitude d'esprit correcte. Écouter avec l'intention d'obtenir ainsi davantage de biens matériels ou de réputation n'est pas la manière juste de pratiquer le *Dharma*. Le but ne doit pas être non plus d'accéder, dans la vie suivante, à une renaissance supérieure, ni de souhaiter uniquement se libérer soi-même du *samsara*. Toutes ces motivations sont à rejeter. Écoutons, au contraire, les enseignements avec le souhait ferme d'atteindre l'omniscience pour le bien de tous les êtres.

7 AOÛT

En tibétain, le mot que l'on traduit par *bénédiction* signifie transformation : transformation grâce au pouvoir ou à la majesté. En bref, la bénédiction a pour but de conduire à une transformation de l'esprit, à une amélioration qui résulte de l'expérience.

La vérité de la souffrance rend compte des nombreux types de souffrances que nous expérimentons. Il y en a de trois sortes : la souffrance de la souffrance, comme par exemple la migraine ; la souffrance du changement, associée au sentiment d'inquiétude après avoir éprouvé du bien-être ; la souffrance omniprésente qui sert de base aux deux premières et dépend du *karma* et de l'esprit perturbé.

9 AOÛT

Pour qu'une école de pensée soit bouddhiste, il n'y a qu'un critère : son adhésion aux quatre principes fondamentaux suivants, connus sous le nom des quatre sceaux : (1) tous les phénomènes composés sont impermanents ; (2) toutes les choses et les situations contaminées par l'ignorance sont insatisfaisantes ; (3) tous les phénomènes sont vides et dénués d'une identité propre ; (4) le *nirvana* est la véritable pacification.

Les vrais pratiquants ne sont pas affectés par les pressions extérieures ni par leurs propres émotions. Ils sont libres d'accomplir leur bienfait, temporaire et ultime, ainsi que celui des autres. Ils demeurent indépendants, ne craignent rien et ne sont jamais en désaccord avec eux-mêmes. Constamment paisibles, ils sont aimables avec tous et chacune de leurs paroles est une aide. Où que nous allions, soyons humbles et évitons d'être agités et autoritaires. Ne heurtons pas les sentiments d'autrui et ne poussons personne à agir de façon négative.

11 AOÛT

Lorsque les choses vont mal pour quelqu'un que nous n'aimons pas, pourquoi nous en réjouir ? Cela n'accroîtra pas sa souffrance actuelle et quand bien même ce serait le cas, comme il serait triste de souhaiter une telle chose !

Tout notre système éducatif est en crise : il ne peut s'adapter. Ce problème s'étend, en fait, à l'industrie et à la politique. Tout semble échapper à notre pensée et, maintenant, même à notre contrôle.

Il me semble que Dieu s'est endormi quelque part. Comme vous pouvez l'imaginer, je plaisante car nous ne croyons pas en un dieu créateur. Mais supposons que Dieu se soit endormi. Il est de notre devoir de le réveiller. On ne peut le rendre responsable de tous nos problèmes. On ne peut pas non plus en vouloir à notre destin, ni au *karma* qui est la loi de l'enchaînement des causes, des actions et des effets. Une telle attitude serait simplement de la lâcheté.

Je suis totalement opposé à la peine de mort. Mon prédécesseur l'a abolie au Tibet et je trouve incroyable qu'elle existe encore, aujourd'hui, dans de grands pays comme la Chine et l'Inde. Au nom de la justice, on continue à tuer des gens dans la patrie du Mahatma Gandhi ! Dans le pays même où a enseigné le Bouddha ! La peine de mort est une pure violence, une cruauté barbare et inutile. Elle est même dangereuse car, comme toutes les violences, elle ne peut conduire qu'à d'autres actes de violence. La sanction suprême doit être une condamnation à vie, sans brutalité.

Quand on interprète le mot *ultime* du point de vue tantrique, cela fait parfois référence à l'aspect subjectif de la conscience. Mais cela peut également être en lien avec l'objet. D'une façon générale, ce terme peut signifier trois choses : l'objet, la dimension de sagesse de la conscience et son effet.

Dans le cycle des renaissances, que nous appelons *samsara*, le phénomène de réincarnation se produit parfois. Une première remarque avant tout : ce cycle des renaissances, ce *samsara*, est la condition même de toute vie. Aucune existence n'y échappe, avant d'atteindre le *nirvana*. Ce conditionnement est douloureux car il nous oblige à vivre encore et encore, dans des niveaux d'existence qui peuvent être pires que ce que nous avons connu. Si renaître est une contrainte, se réincarner est un choix. Certains individus de grande valeur ont ainsi développé le pouvoir de contrôle sur leur renaissance future.

Selon certains érudits, le sentiment de culpabilité peut être surmonté. Cette notion n'existe pas dans la terminologie bouddhiste. Grâce au potentiel de bouddha inhérent aux êtres, toutes les choses négatives peuvent être purifiées. Ce sens de culpabilité est incompatible avec notre mode de pensée car, si nous prenons part à une action, nous n'en sommes pas complètement responsables : nous ne sommes qu'une partie des facteurs qui contribuent à son accomplissement. Dans certains cas, il est néanmoins nécessaire de se repentir, d'assumer délibérément sa responsabilité, d'éprouver du regret et de ne jamais commettre à nouveau la même erreur.

18 AOÛT

Si de longues études, et la compréhension que vous en retirez, vous conduisent à l'orgueil et à la suffisance, c'est très dommage. On peut comprendre que des gens n'ayant aucune idée de la pratique du *Dharma* manifestent de l'orgueil mais, dans le cas des pratiquants, la présence d'obscurcissements mentaux et d'arrogance est un grand préjudice pour la pratique.

19 AOÛT

S'en remettre à un maître spirituel comporte un avantage : si vous avez accompli une action qui risque de vous conduire dans des états d'existences inférieures, vous pouvez, grâce à lui, expérimenter le fruit de cet acte dans cette vie même, sous la forme de souffrances ou de problèmes mineurs, voire même vivre ce mûrissement karmique sous la forme d'un rêve. De cette manière, le résultat néfaste de l'action négative sera annihilé.

Au moment de la mort, un individu, qui s'est adonné à des actes non-vertueux, verra sa conscience commencer à se dissoudre depuis la partie supérieure de son corps et se retirer à l'intérieur du cœur. Dans le cas d'une personne ayant accompli des actions vertueuses, cette dissolution de la chaleur débutera dans la région inférieure du corps pour s'achever au niveau du cœur. Dans les deux cas, le transfert de la conscience prendra place au centre.

21 AOÛT

Nous devons entreprendre ou accomplir une pratique spirituelle avec une motivation et une attitude semblables à celles d'un enfant complètement absorbé par un sport ou un jeu. Totalement pris par le jeu, il est tellement réjoui qu'il n'en a jamais assez. Telle doit être votre attitude mentale lorsque vous faites des efforts dans la pratique du *Dharma*.

22 AOÛT

Quand vous méditez sur un objet, votre esprit doit avoir deux qualités : une grande clarté, non seulement vis-à-vis de l'objet mais aussi vis-à-vis de la conscience ; et la capacité de demeurer sans distraction, centré sur ce que vous avez choisi d'observer. Le relâchement et l'excitation sont une entrave au développement de cette clarté et de cette stabilité.

Celui qui atteint un état d'absorption clair, non conceptuel, empli de félicité, capable de se focaliser totalement sur n'importe quel objet de méditation aussi longtemps qu'il le désire, pourra non seulement méditer sans distraction mais il verra également sa puissance de recherche spirituelle acquérir une force sans précédent.

Le problème, lorsque les choses vont bien pour nous dans le monde, est que nous devenons confiants, nous croyons pouvoir nous suffire à nous-mêmes et pensons que les amis ne sont pas indispensables. Mais quand notre statut social ou notre santé décline, nous réalisons rapidement à quel point nous étions dans l'erreur.

25 AOÛT

Face à une situation ou à un événement, il y a fondamentalement trois manières d'y répondre. La première s'appelle l'aversion, la deuxième l'attachement et la troisième l'indifférence. Il est dit que, des trois, c'est l'aversion qui requiert la plus grande énergie, puis, dans une moindre mesure, l'attachement et, pour finir, l'indifférence.

26 AOÛT

Moksha ou libération n'est pas un état de félicité ni quelque chose d'extérieur. C'est une qualité intérieure.

27 AOÛT

En plus de la pratique menée pendant l'état de veille, vous pouvez utiliser également, de façon positive, votre conscience durant le sommeil. La portée de votre cheminement spirituel en sera d'autant plus grande. Sinon, chaque nuit, quelques heures au moins seront une perte de temps. Vous pouvez donc transformer votre sommeil en une activité vertueuse et c'est très bénéfique. La méthode utilisée dans la voie des soutras consiste à essayer de développer, lorsque l'on s'endort, un état mental sain, basé par exemple sur la compassion, la visualisation de l'impermanence ou la vacuité.

Les êtres qui habitent cette terre, qu'ils soient humains ou animaux, sont là pour contribuer, chacun à sa manière, à la beauté et à la prospérité du monde. De nombreuses créatures ont œuvré, seules ou conjointement, pour rendre nos vies agréables. La nourriture que nous mangeons et les vêtements que nous portons ne sont pas tombés du ciel ; nombreux sont ceux qui ont contribué à les produire. Pour cette raison, nous devons manifester de la gratitude envers toutes ces créatures bienveillantes. La compassion et la bonté sont le sceau de l'épanouissement et du bonheur.

29 AOÛT

D'une façon générale, beaucoup de choses m'impressionnent dans la société occidentale. J'admire en particulier son énergie, sa créativité et sa soif de connaissance. Mais par certains côtés, le mode de vie occidental m'inquiète. Les gens sont enclins à considérer les choses comme étant noires ou blanches, comme ceci ou comme cela. Ils ignorent la réalité de l'interdépendance et de la relativité. Entre deux points de vue, ils ont tendance à oublier les zones intermédiaires. Une autre chose me trouble également : bien qu'ayant tout autour d'eux des milliers de frères et de sœurs, nombreux sont ceux qui ne semblent capables de montrer leurs vrais sentiments qu'à leurs chiens et à leurs chats.

30 AOÛT

Les bénédictions ne suffisent pas, elles doivent venir de l'intérieur. Sans un effort personnel, il est impossible de les recevoir.

31 AOÛT

Un médecin compétent s'occupe de ses patients un à un et il donne à chacun le remède approprié, le soin nécessaire à son mal spécifique. En outre, les méthodes et les instruments utilisés varient selon un ensemble de circonstances particulières, comme par exemple l'époque ou le pays. Pourtant, tous ces médicaments, tous ces moyens médicaux si différents ont un but commun : délivrer le patient de sa souffrance et de sa maladie. De même, les enseignements religieux et leurs méthodes sont tous destinés à libérer les êtres de leurs tourments et des causes de ces tourments, pour leur offrir en retour le bonheur et les causes du bonheur.

SEPTEMBRE

Likir, Ladakh, 1982

1er SEPTEMBRE

Le devoir d'un homme est d'aider les autres. Voilà ce que j'enseigne constamment. C'est mon message, c'est ma seule croyance. Améliorer les relations est pour moi la question fondamentale : de meilleures relations entre les humains. Je fais tout ce qui est en mon pouvoir pour y contribuer.

Que nous y pensions consciemment ou non, une question fondamentale anime notre existence : quel est le but de la vie ? Dès la naissance, chaque être humain aspire au bonheur et ne veut pas souffrir. Aucun conditionnement social, aucune éducation, aucune idéologie ne peuvent modifier ce fait : du plus profond de notre être, nous désirons simplement être satisfaits. Il est donc important de découvrir ce qui pourra nous apporter le plus grand degré de bonheur.

3 SEPTEMBRE

Réaliser la vacuité est très, très important car, lorsque nous essayons d'analyser la nature réelle de tout phénomène spécifique, nous découvrons que sa vraie nature est vacuité, absence d'existence inhérente. Il devient alors important de réaliser la vacuité de la vacuité, car la vacuité elle-même n'a pas d'existence propre ou indépendante.

4 SEPTEMBRE

Pour surmonter l'attachement, nous devons méditer sur la laideur de ce qui nous attire. L'antidote de l'orgueil consiste à méditer sur les agrégats tandis que, pour contrecarrer l'ignorance, la concentration sur le mouvement de la respiration et sur l'interdépendance est recommandée. La racine de l'agitation de l'esprit est, en fait, l'ignorance. À cause d'elle, nous ne parvenons pas à comprendre la véritable nature des choses. Nous pouvons y remédier et maîtriser ainsi notre esprit en le purifiant des notions erronées que nous avons sur la réalité.

5 SEPTEMBRE

Parmi les actions non-vertueuses, trois d'entre elles peuvent être accomplies par le corps : il s'agit du fait de tuer, de voler et d'avoir une conduite sexuelle incorrecte. Au niveau de la parole, il y en a quatre : mentir, semer la discorde, avoir des mots durs et tenir des propos inutiles ou insensés. Quant aux activités négatives de l'esprit, elles sont au nombre de trois : la convoitise, l'intention malveillante et les points de vues erronés.

6 SEPTEMBRE

On peut peut-être disposer de son temps dans les monastères occidentaux, mais à l'extérieur, et en particulier dans les villes, la vie semble devoir être vécue à la vitesse de l'horloge, sans jamais s'arrêter un seul instant ! Quand vous observez une communauté urbaine, vous avez le sentiment que tout ce qui constitue la vie quotidienne d'un individu est réglé de façon très précise, comme un boulon qui doit parfaitement s'adapter à un écrou. D'une certaine manière, cette personne n'a aucun contrôle sur sa propre vie. Pour survivre, elle doit suivre ce schéma et le rythme qui lui est imposé.

7 SEPTEMBRE

Puissé-je, comme la terre, servir de soutien aux êtres aussi innombrables que le ciel est vaste. Tant qu'ils n'auront pas atteint l'éveil, puissé-je me dédier entièrement à leur bonheur.

8 SEPTEMBRE

Lorsque les gens se mettent en colère, ils perdent toute notion de bonheur. Même s'ils présentent bien et sont d'ordinaire paisibles, leur visage devient livide, hideux. La colère fait chavirer leur bien-être physique et perturbe leur tranquillité. Elle détruit leur appétit et les fait vieillir prématurément. Le bonheur, la paix et le sommeil les quittent et ils n'apprécient plus les êtres qui les ont aidés et qui méritent leur confiance et leur gratitude.

9 SEPTEMBRE

La mémoire nous permet, par exemple, de nous souvenir de nos expériences de jeunesse. Ceci mis à part, nous avons tous, également, des tendances latentes, inconscientes, qui se réveillent en certaines circonstances pour influencer notre esprit et notre manière de réagir. Fruits d'expériences puissantes vécues dans un passé récent ou lointain, elles nous poussent à réagir de façon inconsciente, sans que l'on se souvienne nécessairement de ce qui en fut l'origine. On peut difficilement expliquer ces tendances et leurs ré-émergences. Disons simplement que ce sont des empreintes laissées dans la conscience subtile par des expériences passées.

10 SEPTEMBRE

La croissance démographique est en lien étroit avec la pauvreté. Celle-ci, de son côté, est un fléau pour la terre : lorsque la population d'un pays meurt de faim, elle se nourrit de tout ce qu'elle trouve : l'herbe, les insectes, tout. Les arbres sont abattus et la région devient aride et désertique. Il s'agit de survivre et tout le reste n'a plus d'importance. Parmi les problèmes auxquels l'humanité devra faire face durant les trente prochaines années, ceux dits *d'environnement* seront les plus graves.

11 SEPTEMBRE

Puisqu'une compassion naturelle nous anime et qu'elle doit devenir manifeste, le mieux est sans doute de la réveiller. La violence faite à une personne innocente peut, par exemple, nous indigner, nous scandaliser et donc nous aider à découvrir notre compassion. Par la grande violence qu'elle véhicule, la télévision peut nous maintenir dans un état de vigilance, mais il serait très dangereux qu'elle nous mène à l'indifférence. Pour cette raison, l'un des points essentiels de nos enseignements est le suivant : comment atteindre le détachement sans sombrer dans l'indifférence ?

12 SEPTEMBRE

Le sentiment puissant d'être tibétain est né de l'épreuve difficile qui frappe la longue histoire de ce pays. Des siècles et des siècles d'enracinement peuvent vous faire oublier cette appartenance car les liens avec cette terre vous semblent sûrs, intouchables. Puis une chose inattendue arrive et remet tout en question. Vous découvrez une brutalité cynique, un usage écrasant de la force et votre propre faiblesse. Finalement vous partez ; vous ne revoyez jamais votre pays, sauf de loin. Il est dévasté, occupé et, pourtant, vous réalisez qu'il n'a pas disparu, qu'il demeure en vous, que vous continuez à vous sentir tibétain. Alors vous commencez à vous demander ce que signifie « être tibétain ».

13 SEPTEMBRE

Nous sommes effrayés par la mort car nous n'en connaissons ni le jour ni l'heure : elle peut nous surprendre à tout instant. Ayant peur de ce qui survient après la mort, nous craignons de nous retrouver dans un endroit inconnu, désagréable, angoissant. Si nous voulons bien mourir, nous devons apprendre à bien vivre. L'expérience de la mort est extrêmement importante : à cet instant, notre état d'esprit peut décider de la qualité de notre renaissance à venir. Nous pouvons même, au moment de la mort, faire un effort particulier. Au cours de ce processus, la méditation peut atteindre un sommet inégalé, comme le montre la conservation du corps.

La rouille est produite par le fer et elle le détruit. De même, une action accomplie sans discernement peut nous détruire en nous projetant dans un état d'existence inférieure.

15 SEPTEMBRE

Il est tout à fait naturel que des gens, qui demeurent dans un petit village ou dans un endroit perdu, aspirent à une vie plus attrayante, quelque part ailleurs, dans une ville plus importante ou dans un pays plus grand. Mais, souvent, les gens des grandes villes préféreraient vivre à la campagne, dans un lieu calme et paisible. Les désirs changent constamment et c'est une des formes de souffrance : la souffrance du changement.

Au moment de la mort, la conscience subtile et le corps se séparent selon le processus usuel. L'individu, qui a une certaine pratique du yoga ou de méditations particulières, peut volontairement procéder à cette dissociation ou séparation. Il est également possible, grâce à la méditation, de contrôler la circulation sanguine, le souffle et d'autres fonctions organiques. Si vous vous entraînez de façon intense, vous serez un jour capable d'accomplir cette séparation.

17 SEPTEMBRE

Il est vital, pour un gouvernant, de rester en contact avec les gens du peuple. Pour ma part, j'ai appris très jeune que quiconque souhaitait être un chef devait rester proche des gens ordinaires.

Lorsque les jours rallongent et qu'il y a plus de soleil, l'herbe devient fraîche et nous nous sentons bien. En automne, au contraire, les feuilles tombent les unes après les autres et les plantes magnifiques sont comme mortes ; nous ne nous sentons plus heureux. Pourquoi ? Parce que, au plus profond de notre nature humaine, nous aimons la construction et non la destruction.

19 SEPTEMBRE

Que vous soyez politicien, religieux, homme d'affaires ou tout autre chose, essayez, dans tous les cas, de devenir un être humain bon, au cœur chaleureux. Le comportement de chacun contribue à rendre la famille et la société plus heureuses.

20 SEPTEMBRE

L'atmosphère ressentie tout au long de la journée par les jeunes enfants influe énormément sur le succès qu'ils rencontreront ou non durant toute leur vie. Dans une famille où règne l'amour et la compassion, ils deviendront des êtres plus heureux et réussiront mieux. En leur refusant cet amour, nous courons le risque de gâcher et de ruiner toute leur existence. L'affection est ce qui influence le plus le développement des enfants.

21 SEPTEMBRE

Le cerveau des occidentaux est très actif : il travaille beaucoup, mais toujours dans une optique d'efficacité. L'esprit se met ainsi au service du résultat. Comme tout serviteur, il renonce à son indépendance. Je propose une autre forme de vie spirituelle, plus détachée et plus profonde, libre de l'obsession d'atteindre un but. D'une certaine manière, l'invasion technologique qui se répand dans le monde réduit la vie de l'esprit.

22 SEPTEMBRE

La compassion est, par nature, gentille, paisible et douce. Mais elle peut également se révéler très vigoureuse. Ceux qui perdent facilement patience sont les incertains et les instables. Pour moi, le fait de se mettre en colère est un signe de faiblesse.

23 SEPTEMBRE

Il n'y a aucun moyen d'échapper à la mort. Cela reviendrait à tenter de fuir alors que vous êtes encerclé par quatre montagnes immenses qui s'élèvent jusqu'au ciel. Il n'y a aucune échappatoire : ces quatre montagnes représentent la naissance, la vieillesse, la maladie et la mort. Le vieillissement détruit la jeunesse, la maladie s'attaque à la santé, la dégénérescence de la vie met fin à toutes les qualités excellentes et la mort anéantit la vie. Même si vous courez vite, la mort vous rattrapera. Vous ne pouvez pas non plus l'arrêter avec vos biens ou grâce à des pratiques magiques, des récitations de mantras ou même des médicaments. Il est donc sage de vous y préparer.

Il existe un véritable mouvement féministe dans le bouddhisme : il est lié à la déesse Tara. Alors qu'elle développait la *bodhicitta*, la motivation des *bodhisattvas*, elle contempla ceux qui s'évertuaient à atteindre le parfait éveil et perçut que bien trop peu d'êtres avaient accédé à la bouddhéïté en tant que femmes. Elle fit donc un vœu : « Comme femme, j'ai développé la *bodhicitta* et, durant toutes mes vies à venir, je fais vœu de renaître femme, sur le chemin. Lors de mon existence ultime, lorsque j'atteindrai la bouddhéïté, là encore, je serai une femme. »

25 SEPTEMBRE

Tout ce qui contredit l'expérience et la logique doit être abandonné.

26 SEPTEMBRE

Vous devez pratiquer la générosité avec courage, même au risque de votre vie. L'expérience de la souffrance est d'une grande aide pour la pratique.

De notre point de vue, quelqu'un ne devient pas une référence sur la simple base de sa réputation, de sa position sociale, de son pouvoir, de sa bonne mine, de sa richesse, etc. S'il fait autorité, c'est plutôt parce que ce qu'il dit, sur des sujets qui relèvent de son domaine de compétence, semble convaincant et fiable. En bref, nous ne considérons pas, en général, une personne comme experte en une matière quelconque par simple respect ou parce que nous l'admirons en tant qu'individu. De la même manière, lorsque nous nous référons au Bouddha, lorsque nous le regardons comme un enseignant digne de confiance, nous le faisons sur la base d'une étude et d'un examen attentif de son enseignement fondamental : les Quatre Nobles Vérités.

Je vous parle et vous m'écoutez. Nous avons souvent l'impression qu'il y a un orateur, un auditoire et que des paroles sont prononcées, mais, dans la réalité ultime, si je cherche en moi-même, je ne trouverai pas ces mots et, si vous les recherchez en vous-mêmes, vous ne les trouverez pas non plus. Ils sont vides comme l'espace est vide. Mais ils ne sont pourtant pas totalement inexistants : ils doivent bien exister puisque nous pouvons les percevoir. Ce que je dis, vous l'entendez et, à votre tour, vous commencez à penser à la même chose. Mes paroles produisent un certain effet, pourtant quand nous les cherchons, nous ne pouvons les trouver. Ce mystère relève de la nature duelle de la vérité.

29 SEPTEMBRE

Je pense qu'une conférence basée sur des textes religieux est un bon moyen de montrer que la religion a beaucoup à nous apprendre, quelle que soit la situation dans laquelle nous nous trouvons. Je le fais mieux maintenant qu'à mes débuts. À cette époque, je manquais de confiance en moi mais cela s'améliorait à chaque fois que je parlais en public. Comme tous les enseignants, je trouve qu'il n'y a rien de tel que d'enseigner pour nous aider à apprendre.

30 SEPTEMBRE

Notre expérience est basée sur les cinq éléments intérieurs et les cinq éléments extérieurs. Quand votre expérience méditative s'approfondit suffisamment, au point de contrôler les cinq éléments intérieurs, il devient alors possible de contrôler aussi les cinq éléments extérieurs. Bien que l'espace semble vide, une fois que vous développez les énergies, vous en avez le contrôle. Lorsque cela arrive, vous pouvez regarder directement à travers la matière et marcher dans un espace vide comme s'il était solide.

OCTOBRE

Drapeaux de prière, Dharamsala, Inde, 1984

1er OCTOBRE

L'homme et la société dépendent l'un de l'autre ; les qualités de comportement de l'être humain en tant qu'individu et membre de la collectivité ne peuvent plus être dissociées. Dans le passé, on s'est efforcé d'améliorer certaines choses pour diminuer les malaises et les disfonctionnements de notre société humaine, de manière à construire un monde plus juste et plus égalitaire. Pour combattre ces problèmes sociaux, des institutions et des organisations ont été créées, avec des chartes idéologiques d'une grande noblesse. Leurs intentions et leurs objectifs étaient très louables mais il est regrettable que des idées, bonnes au départ, aient été réduites à néant par des intérêts personnels inhérents à la nature humaine.

2 OCTOBRE

Il y a dans le bouddhisme tibétain un sujet qui peut intéresser les scientifiques : c'est la relation qui existe entre la matière et le système nerveux, et plus particulièrement entre les éléments qui constituent le cerveau et la conscience. Dans ce domaine, nous étudions les changements qui s'opèrent dans la conscience, les différents états d'esprit tels que bonheur ou tristesse, les effets qui en résultent au niveau des constituants du cerveau et les conséquences que cela produit sur le corps. Certaines maladies physiques, par exemple, régressent ou empirent selon l'état d'esprit dans lequel nous nous trouvons.

3 OCTOBRE

L'eau et les rivières des différents pays et climats finissent toutes par se retrouver dans l'océan. De la même manière, la rencontre des divers points de vue sur la société, des nombreuses théories économiques et des multiples moyens de les mettre en œuvre est un bienfait pour le genre humain. Il n'y a aucune raison de s'impliquer dans des débats idéologiques qui sont sources de dissensions. Aucun résultat positif n'a jamais vu le jour lorsque l'on tente de convertir tous les êtres, aux aspirations et aux caractères si différents, à une idéologie commune et à un mode unique de comportement. On peut aisément le constater dans l'histoire contemporaine de l'Orient et de l'Occident.

4 OCTOBRE

Efforcez-vous de considérer toutes les circonstances adverses et toutes les perturbations comme transitoires. Elles sont semblables à des rides sur un étang : elles apparaissent puis disparaissent rapidement. Tant que nos vies sont conditionnées par le *karma*, elles portent le sceau d'un cycle de problèmes sans fin. Le premier arrive et passe mais il est bientôt suivi d'un autre.

5 OCTOBRE

Voici un conseil du Bouddha : « Oh ! Moines et hommes de sagesse ! Comme un orfèvre qui teste son or en le brûlant, en le découpant et en le ciselant, vous devez mettre mes paroles à l'épreuve et ne pas les accepter par simple respect pour moi. »

Des parents avisés grondent parfois leurs enfants, et les punissent même, sans éprouver la moindre colère. C'est une attitude tout à fait admissible. Si, par contre, vous vous mettez réellement en colère et donnez une fessée à votre enfant, alors vous le regretterez dans le futur. Mais avec la juste motivation de veiller à son bien, vous pouvez, sans crainte, adopter à son égard le comportement approprié à la nécessité du moment.

7 OCTOBRE

L'ignorance, l'arrogance et l'obstination de certains individus ont été à l'origine de toutes les tragédies de l'histoire et ce, quelle qu'ait été leur motivation, bonne ou mauvaise. Le seul nom de ces impitoyables tyrans inspirent la peur et le dégoût. Ainsi, l'intensité avec laquelle les êtres vont nous aimer dépend, de façon naturelle, du degré avec lequel nous avons pensé à leur bonheur.

8 OCTOBRE

L'exil m'a aidé. Lorsqu'à un certain moment de notre vie, nous faisons face à une réelle tragédie — ce qui peut nous arriver à tous — nous pouvons réagir de deux manières. Nous pouvons, bien sûr, perdre tout espoir, nous laisser aller au découragement, sombrer dans l'alcoolisme, la drogue et une tristesse sans fin. Mais nous pouvons aussi nous réveiller, découvrir en nous-mêmes une énergie qui jusque-là demeurait cachée, et agir avec davantage de clarté et de force.

9 OCTOBRE

Parmi les quatre notions bouddhistes fondamentales que sont l'impermanence, l'interdépendance, la souffrance et la vacuité ou *shunyata*, cette dernière est certainement la plus mystérieuse et la plus difficile à appréhender. Quel est donc cet immense édifice fait d'expériences et de réflexions qui débouche, pour finir, sur une simple absence de substance ? Quelle peut être la base de cet assemblage et de l'esprit qui l'a construit ? Si le vide est la seule réalité qui n'est pas illusoire, qui donc peut échapper à la trame de toutes ces illusions ou *mayas* ? Qui a tissé cette trame ? Est-il possible de vivre dans ce vide étourdissant ? Peut-on imaginer un rêve sans rêveur ? Le vide est une notion scientifique. Nous sommes vides, la matière qui nous compose est elle aussi vide, d'une certaine manière.

10 OCTOBRE

Dans ma vision du futur, la démilitarisation complète est un sujet qui m'est très cher. Cela peut sembler une utopie pour beaucoup de gens et je suis conscient que sa mise en œuvre requiert une approche graduelle impliquant un processus de renouveau dans les idées politiques et le système éducatif. Dans cette perspective, la première étape consiste à bannir, au niveau international, le commerce des armes et à étendre les zones démilitarisées dans toutes les parties du monde. De récents progrès ont été faits en ce qui concerne le démantèlement des arsenaux nucléaires et l'interdiction des essais atomiques. C'est un début encourageant et significatif.

11 OCTOBRE

Un petit enfant doit grandir pour devenir un jeune homme robuste. Mais cette croissance ne peut se faire en une nuit : elle s'inscrit dans la durée. De même, la transformation de l'esprit prendra, elle aussi, du temps. À l'époque actuelle, en de nombreux endroits, on injecte certains produits aux porcs, aux vaches et aux volailles pour qu'ils grandissent très rapidement. On les abat ensuite pour s'en nourrir. C'est une pratique négative qui a également un effet néfaste sur les humains. Lorsque nous parlons de pratique spirituelle, il n'est pas question d'inoculer certaines qualités dans notre esprit et de le transformer ainsi d'un seul coup.

Lorsque l'on débute dans la pratique bouddhiste, la capacité à servir les autres est limitée. Dans un premier temps, l'accent est mis sur le fait de se soigner soi-même, de transformer son esprit et son cœur. Avec le temps, le pratiquant devient de plus en plus fort et apte à œuvrer pour le bien d'autrui. Mais, auparavant, il peut se laisser submerger par les souffrances et les difficultés des autres et risque de s'épuiser sans pour autant être capable de les aider de manière efficace. Inutile de dire que, dans ce cas, il ne s'aide pas lui-même. Il est normal de ressentir des limites par rapport à soi-même et aux autres. Nous devons simplement accepter ce fait.

13 OCTOBRE

Pendant que, dans la méditation, vous êtes concentré sur le souffle, essayez d'examiner la nature de la pensée ou de l'esprit qui est conscient de cette respiration. Prêtez attention aux types de pensées qui surviennent. Puis, lorsque vous vous serez accoutumé à la nature de ces pensées, essayez d'arrêter le souvenir du passé et les idées qui concernent le futur. Demeurez dans le présent, évitez de penser et voyez ce qui se passe, ce que vous expérimentez. Cet état est parfois appelé celui de la non-pensée.

Si nous avons une approche de la vie centrée sur nous-mêmes et tentons d'utiliser les autres pour notre intérêt personnel, nous allons peut-être obtenir certains bienfaits temporaires mais, à long terme, nous ne parviendrons même pas à accomplir notre propre bonheur.

15 OCTOBRE

Être honnête, sincère et avoir bon cœur sont des qualités humaines très positives qui ne peuvent s'acquérir avec de l'argent. Aucune machine ne peut non plus les produire, seul l'esprit en est capable. Nous pouvons appeler cela la lumière intérieure.

16 OCTOBRE

L'éveil, l'évolution ou progrès intérieur, doit s'accomplir à travers la pratique et l'entraînement de l'esprit, et non par des moyens extérieurs tels que la drogue, des injections ou des interventions chirurgicales.

17 OCTOBRE

La pratique, l'entraînement de notre esprit, est la base du bouddhisme. Dieu seul, la foi ou encore les bénédictions ne suffisent pas. Bien sûr, les bénédictions du Bouddha ou d'un être éveillé peuvent être un facteur important, mais, pour vous purifier, vous devez en faire vous-même l'effort.

18 OCTOBRE

De nos jours, la pauvreté et la famine règnent dans certaines parties du monde alors que, dans d'autres pays, il y a abondance de biens. Si nous nous sentons vraiment concernés par les autres, il n'y a aucune raison de souffrir de tels problèmes : la planète a suffisamment de ressources pour y remédier. Nous n'avons pas à nous inquiéter de sa capacité à pourvoir à ce qui nous est nécessaire.

19 OCTOBRE

Seul un sentiment spontané d'empathie envers les autres peut réellement nous inciter à agir pour leur bien. Mais cette compassion ne se manifeste pas toute seule, de façon mécanique. Pour qu'elle soit sincère, chaque individu doit la développer peu à peu, la cultiver de l'intérieur, une fois convaincu de sa valeur. Adopter une attitude de bienveillance est une affaire personnelle. La manière de se comporter dans la vie quotidienne est, en fait, pour chacun, la véritable preuve de son degré de compassion.

20 OCTOBRE

Je pense qu'il y a une différence entre les conflits auxquels est soumis notre mental et les émotions qu'ils suscitent, telles que la colère, l'hostilité, etc. Si vous êtes incapable d'exprimer ces dissensions intérieures, le jour où vous parvenez enfin à le faire, cela est automatiquement associé à de l'hostilité et de la colère. Il est donc important de savoir exprimer sa souffrance et non son animosité ; plutôt sa souffrance.

21 OCTOBRE

Lorsque nous avons à faire à des domaines dans lesquels notre compréhension est limitée, nous devons être constamment très vigilants. C'est là que la science peut, bien sûr, nous aider. Une chose est pour nous mystérieuse simplement parce que nous ne la comprenons pas. Je me rends compte que le résultat d'une recherche dépend du type d'expérience mise en œuvre pour l'obtenir. Lorsque l'on ne trouve pas quelque chose, cela ne veut pas dire que cette chose n'existe pas ; cela prouve uniquement que l'expérience s'est révélée incapable de la découvrir. Il est, en outre, essentiel d'avoir conscience des limites imposées par la nature elle-même.

Quand une personne sensée y réfléchit bien, elle respecte la justice. Il y a, à l'intérieur de nous, un sens et un respect innés de la justice. Nous découvrons chez les enfants ce qui est inhérent au caractère humain. Mais en grandissant, ils acquièrent une foule d'attitudes conditionnées et erronées. J'ai souvent le sentiment qu'un petit enfant a plus d'authenticité et j'y trouve là de nombreuses raisons d'avoir confiance dans le courage des hommes et dans la nature humaine.

23 OCTOBRE

Ce qui renaît, ce sont nos tendances habituelles. L'éveil constitue la fin de ces renaissances ; cela veut dire qu'il n'y a plus le moindre attachement ni la moindre identification aux pensées, aux sensations, aux perceptions, aux sensations physiques et aux idées.

24 OCTOBRE

Il y a, selon le bouddhisme, trois types de foi. La première est une foi qui se manifeste sous forme d'admiration : celle que l'on éprouve envers une personne ou un mode d'être particuliers. La deuxième est celle de l'aspiration : elle correspond à un sentiment d'émulation, vous aspirez à atteindre cet état d'être. Il y a enfin la foi de la conviction.

25 OCTOBRE

En tant qu'apprenti sur la voie spirituelle, vous devez être prêt à endurer les difficultés qu'implique un cheminement authentique et être déterminé à maintenir votre effort et votre intention. Vous devez anticiper les multiples obstacles que vous allez inévitablement rencontrer en chemin et comprendre que la clé du succès de votre pratique est de ne jamais perdre votre détermination. Cette résolution dans l'approche de la voie est très importante. L'histoire de la vie du Bouddha est celle d'un être qui a atteint le parfait éveil grâce à des efforts soutenus et un zèle constant.

Si l'on interdisait aux gens de faire des efforts pour atteindre le bonheur qu'ils souhaitent instinctivement, ils seraient insatisfaits et créeraient des problèmes pour tout le monde. Si nous ne sommes pas capables d'établir un état d'esprit de coopération sincère, qui ne peut être obtenu par la menace ou la contrainte mais par la compréhension du cœur, la vie va devenir de plus en plus difficile. Lorsque les êtres auront le cœur comblé, la paix viendra. Sans cette base de coexistence, nous risquons de continuer à imposer aux êtres des schémas sociaux, politiques et culturels peu souhaitables et la paix sera difficile.

27 OCTOBRE

Le vol est une nuisance à la propriété et au bien-être d'autrui ; il perturbe sa tranquillité et son bonheur. Aussi, lorsqu'une maison est construite, on y installe un grillage hideux et des barreaux métalliques aux fenêtres. Cela empêche les voleurs de pénétrer à l'intérieur. Mais avez-vous jamais pensé à ce que la simple vue de ces barreaux et grillages nous inflige ? Cela nous rend mal à l'aise et nous dépouille d'un peu de notre paix et de notre bonheur.

En maintenant une conscience aiguë du rôle de la religion tel qu'il est réellement explicité dans tous les enseignements, nous pouvons éviter les erreurs désastreuses de la discrimination sectaire et de l'attitude partisane. Nous ne commettrons plus, ainsi, la faute grave de rejet de tout enseignement religieux.

29 OCTOBRE

Lorsqu'il y a de l'amour, il y a l'espoir d'avoir de vraies familles, une réelle fraternité, une véritable équanimité et une paix tangible. Mais quand cet amour qui nous anime est perdu, quand nous voyons constamment les autres comme des ennemis, peu importe la connaissance ou l'éducation reçue, peu importe les progrès et les biens matériels, il n'y a plus que souffrance et confusion. Les êtres humains continuent alors à se trahir et à vouloir en imposer aux autres. La base de l'existence des êtres a pour véritable nature la souffrance ; il est donc vain de vouloir profiter des autres ou de les maltraiter. Le fondement de toute pratique spirituelle est l'amour. Pratiquez bien cela, c'est ma seule requête.

30 OCTOBRE

Quand une journée vous semble longue, le fait de tenir des propos futiles vous donne l'impression qu'elle passe plus vite. Mais c'est une des pires manières de perdre son temps. Lorsqu'un tailleur se contente de tenir l'aiguille dans sa main et de parler à son client, il ne finit jamais son ouvrage. En plus, il risque de se piquer le doigt. Les discussions qui n'ont aucun sens nous empêchent d'accomplir le moindre travail.

31 OCTOBRE

Nous renonçons à la recherche du pouvoir matériel car le pouvoir de guérison de l'esprit se trouve naturellement sur le chemin spirituel. Il ne réside pas dans la pierre d'édifices admirables, ni dans des statues en or, ni dans la soie dont on fait les robes, ni même dans le papier qui sert de support aux écritures saintes. On le trouve dans la substance ineffable de l'esprit et du cœur de l'homme. Comme l'ont enseigné les grands maîtres, nous sommes libres de suivre cette voix intérieure, libres de sublimer les instincts de notre cœur et de purifier nos pensées. Grâce à une réelle pratique dans sa vie quotidienne, l'homme peut réaliser le but de toute religion, quelle qu'elle soit.

NOVEMBRE

Temple, Gyangtse, Tibet, 1986

1er NOVEMBRE

Du point de vue bouddhiste, il est impossible d'accéder à un bonheur permanent tant que l'ignorance contrôle, influence ou gouverne tout. Une fois cette ignorance éliminée, on réalise le *nirvana*.

L'oppression n'a jamais, dans aucun pays, réussi à supprimer le désir éternel des êtres de vivre libres : libres de concevoir leurs propres pensées, libres d'agir selon ce qu'ils croient être le mieux pour le bien de la communauté, libres de vivre comme des êtres humains et non pas comme des robots ou des esclaves. Même si les Chinois ne laissent rien d'autre que des cendres sur notre terre sacrée du Tibet, notre pays se relèvera de ses cendres ; il sera libre, même s'il lui faut de nombreuses années pour y parvenir. Aucun pouvoir impérialiste n'a réussi à maintenir longtemps des peuples dans l'assujettissement colonial.

3 NOVEMBRE

Il est peu probable que nous puissions vraiment prendre en charge la souffrance des autres et leur offrir notre bonheur. Lorsqu'un tel échange a lieu entre des êtres, c'est le résultat d'un lien karmique très fort, noué dans le passé.

4 NOVEMBRE

Pratiquer l'éthique signifie veiller au comportement de ce que l'on nomme les trois portes : le corps, la parole et l'esprit. En prenant soin de ne pas les laisser accomplir des activités négatives, vous générez de l'attention et une prise de conscience. C'est pourquoi l'éthique est le fondement de la voie bouddhiste.

5 NOVEMBRE

Notre intention doit être libre des huit préoccupations dites mondaines que sont le gain ou la perte, le plaisir ou la douleur, la louange ou la critique, la gloire ou l'infamie.

6 NOVEMBRE

Il n'y a rien de plus important que de veiller sur son esprit. Gardons constamment un œil sur cet éléphant sauvage qu'est notre esprit ; refrénons-le avec attention et vigilance. Nous pourrons ainsi éviter d'être influencés par différentes conditions extérieures. Même en retraite dans un lieu complètement reclus, si vous ne maintenez pas votre esprit sous contrôle, il vagabondera partout. On peut être totalement seul et avoir une énorme quantité d'émotions négatives.

7 NOVEMBRE

Nous avons subi et subissons encore des souffrances interminables sans qu'aucun bienfait n'en résulte. Mais puisque nous nous sommes maintenant engagés à avoir bon cœur, nous devons essayer de ne pas nous mettre en colère lorsque les autres nous insultent. Être patient n'est pas toujours simple ; cela demande beaucoup de concentration mais le résultat obtenu lorsque nous sommes capables de supporter les difficultés peut être considérable.
C'est un fait dont il faut se réjouir !

8 NOVEMBRE

L'agressivité fait intimement partie de nous et c'est pourquoi nous avons tant de problèmes. Certains individus, élevés dans un environnement totalement non-violent, sont quand même parvenus à devenir les bourreaux les plus infâmes. C'est bien la preuve qu'au plus profond de nous l'hostilité la plus malfaisante est encore présente. Mais notre vraie nature est paisible. Nous savons tous que l'esprit de l'homme est agité, sujet à de terribles soubresauts. Cette agitation n'est pourtant pas la force prépondérante ; il est possible et même nécessaire de la maîtriser.

9 NOVEMBRE

L'esprit peut-il jamais voir l'esprit ? À cette question, nous devons répondre oui et non. Non, parce que l'esprit ne peut être simultanément sujet et objet. Qu'il le veuille ou non, il interfère, consciemment ou non, avec tout ce qu'il observe. Et c'est d'autant plus vrai lorsqu'il s'agit de lui-même. L'esprit ne peut se percevoir totalement. Néanmoins, le principal moyen de purification de l'esprit est l'esprit lui-même. À chaque instant, il est son propre créateur ; sa responsabilité est donc essentielle.

10 NOVEMBRE

Nous aspirons à l'éternité quand nous nous aimons nous-mêmes et dans la mesure où notre vie quotidienne est heureuse. Mais si celle-ci est misérable, nous voulons alors écourter notre existence.

11 NOVEMBRE

Des pratiques telles que la *bodhicitta* engendrent automatiquement le calme au moment de la mort. En fin de vie, l'esprit se trouve dans une situation très critique. Si, à cet instant-là, vous êtes capable de donner une impulsion fortement positive, vous générez ainsi une force très puissante qui vous amène à poursuivre, dans la vie suivante, une nouvelle expérience positive. Je crois que pour remporter le défi du siècle à venir, tous les humains devront développer un sens plus large de leur responsabilité universelle. Chacun de nous doit apprendre à ne pas travailler simplement pour lui-même, pour sa propre famille ou sa nation mais pour le bienfait de toute l'humanité. Penser en termes de *ma nation, mon pays,* est aujourd'hui dépassé. Se sentir globalement responsable est la véritable clé de la survie de l'homme. De grands mouvements humanitaires naissent à partir d'initiatives individuelles. C'est ce travail individuel pour le bien commun qui fait la différence.

12 NOVEMBRE

Les étoiles et les constellations innombrables que nous voyons aujourd'hui se sont formées au cours du temps et ont été découvertes peu à peu. Il est intéressant de constater que plus les télescopes utilisés sont puissants, plus nous en détectons et, donc, plus il y a d'étoiles et de vies.
Ainsi, plus nous sommes capables de voir, plus il y a à voir.

13 NOVEMBRE

Celui qui connaît beaucoup de choses mais ne les met pas en pratique est semblable à un berger qui n'a pas de troupeau mais qui se préoccupe constamment de la laine des moutons ou du bétail. Pour évoluer, celui qui suit une voie spirituelle doit donc étudier, réfléchir et méditer sur la nature de la réalité. Ces trois éléments sont tous d'une grande importance.

Il faut empêcher les activités du corps et de la parole, qui accompagnent les processus mentaux, de sombrer dans des modes inconsidérés, débridés et hasardeux. Un écuyer apprivoise et calme un étalon sauvage et impétueux en le soumettant à un dressage habile et prolongé. Nous devons, de la même manière, maîtriser l'activité vagabonde, hasardeuse et sauvage de notre corps et de notre parole jusqu'à la rendre docile, vertueuse et habile. Pour cette raison, les enseignements du Seigneur Bouddha comportent trois types de méthodes graduelles pour discipliner l'esprit : *Shila* ou entraînement à la conduite suprême, *Samadhi* ou entraînement à la méditation suprême, *Prajna* ou entraînement à la sagesse suprême.

15 NOVEMBRE

Même si quelqu'un nous fait du tort ou nous blesse profondément, nous devons penser à ses qualités positives et développer ainsi de l'humilité envers les autres.

16 NOVEMBRE

En utilisant notre intelligence humaine, nous développons la conviction. Grâce à cette conviction, nous sommes capables de fournir de réels efforts qui, à leur tour, vont permettre une véritable transformation. Dans une certaine mesure, on peut affirmer que la foi, à elle seule, peut, dans certains cas, transformer l'expérience intérieure.

17 NOVEMBRE

Ce sont les bienfaits à long terme de la pratique, et non la méthode utilisée, qui déterminent si un individu est un vrai pratiquant ou non d'une voie spirituelle. Les sages de l'Inde et du Tibet nous ont légué la sagesse et l'expérience qu'ils ont acquises au terme de longues années d'étude, de pratique, de méditation et de réflexion diligentes. Leurs efforts constituent un pont qui relie et unit les peuples de ces deux pays, comme les enfants d'une même famille.

La paix n'est durable que si les droits de l'homme sont respectés, les populations nourries et les individus et les nations laissés libres. Pour celui qui meurt de faim et de froid, la paix n'a aucune valeur ; elle ne diminue pas non plus les tourments infligés à un prisonnier politique.

19 NOVEMBRE

En pratiquant la patience, vous allez non seulement obtenir l'état d'omniscience dans le futur mais aussi expérimenter les bienfaits qui en résultent au quotidien. Vous serez capable de maintenir votre esprit en paix et de vivre dans la joie.

20 NOVEMBRE

Lorsque nous prions ensemble, je ressens quelque chose que vous pouvez peut-être appeler bénédiction ou grâce, je ne sais pas. De toutes les manières, nous expérimentons une sensation et si nous savons l'utiliser correctement, ce ressenti nous aide énormément à développer notre force intérieure.

21 NOVEMBRE

Quand vous avez à faire à des êtres qui traversent de grandes souffrances, si vous sentez que cela vous mine, vous démoralise et vous épuise, il vaut mieux, pour tout le monde, que vous vous retiriez et que vous repreniez vos forces. L'essentiel est d'avoir une perspective à long terme.

Observez quelqu'un qui vous dérange et utilisez cette opportunité pour combattre votre colère et cultiver la compassion. Mais si cela vous cause trop d'ennuis, si vous trouvez cette personne trop ignoble pour pouvoir en supporter la présence, il vaut peut-être mieux vous mettre en quête de la sortie ! Le principe est le suivant : n'essayez pas d'éviter des situations ou des personnes dérangeantes ou qui suscitent votre colère tant que celle-ci n'est pas trop forte. Si la rencontre est impossible, travaillez sur votre colère et développez la compassion par vous-même.

23 NOVEMBRE

L'esprit peut et doit se transformer lui-même. Il peut se libérer, se défaire des impuretés qui le contaminent et s'élever vers le niveau suprême. Nous débutons tous avec les mêmes capacités. Certains les développent, d'autres non. Nous nous habituons aisément à la paresse de l'esprit ; et c'est d'autant plus facile que celle-ci se cache sous une activité apparente : nous courons à droite à gauche, établissons des projets, passons des coups de fil. Tout ceci n'engage que la partie superficielle et grossière de l'esprit et nous empêche d'en voir l'essentiel.

24 NOVEMBRE

Nous sommes tous, sur cette planète, comme des touristes. Nul ne pourra y vivre éternellement, tout au plus une centaine d'années pour certains. Alors, pendant que nous sommes là, essayons d'avoir bon cœur et de faire de nos vies quelque chose de positif et d'utile. Que nous ayons à vivre quelques années à peine ou un siècle entier, il serait vraiment triste et regrettable d'avoir passé notre temps à aggraver les problèmes qui frappent les autres personnes, les animaux et l'environnement. Être un bon être humain est la chose la plus importante.

25 NOVEMBRE

Le Bouddha est l'enseignant, le *Dharma* le réel refuge et la *Sangha* est ce qui nous aide à comprendre ou à établir les objets de refuge.

D'habitude, l'amour et la compassion suscitent un sentiment de grande proximité mais il s'agit essentiellement d'attachement. Aussi longtemps qu'une personne vous semble magnifique et bonne, vous l'aimez. Mais, dès qu'elle vous semble moins belle, moins gentille, votre amour se transforme complètement. Votre ami le plus cher est toujours la même personne, pourtant il vous apparaît maintenant plutôt comme un ennemi. À la place de l'amour, vous ressentez de l'hostilité. Dans le cas d'un amour et d'une compassion authentiques, l'apparence ou le comportement de l'autre n'a aucun effet sur votre attitude. La réelle compassion provient de la vision de la souffrance d'autrui. Vous avez alors un sentiment de responsabilité et vous voulez faire quelque chose pour cette personne.

27 NOVEMBRE

Si, chaque jour, nous nous observons avec attention et avec une grande lucidité mentale, si nous regardons nos pensées, nos motivations et examinons de quelle manière elles se manifestent dans notre comportement extérieur, nous avons alors la possibilité de nous transformer et de nous améliorer. Même si je ne peux affirmer avec certitude avoir fait des progrès remarquables tout au long de ces années, mon désir et ma détermination d'évoluer et de m'améliorer sont toujours aussi fermes. De l'aube jusqu'au coucher, j'essaye, en toutes circonstances, de toujours veiller à ma motivation et d'être attentif et présent à chaque instant. Personnellement, cela m'aide beaucoup dans ma vie.

28 NOVEMBRE

Faites de votre mieux et agissez selon vos propres critères intérieurs — disons selon votre conscience — et non pas uniquement en fonction de ce que la société connaît et pense de vos actes. « Faire de son mieux » n'est qu'une expression d'à peine quelques mots, mais cela implique qu'à chaque instant de votre vie quotidienne vous devez observer votre esprit de manière à ne pas vous sentir coupable de vos erreurs, même si les autres n'en savent rien. En agissant ainsi, chacun fait de son mieux.

29 NOVEMBRE

Il est important de bien réfléchir avant de s'engager dans une tradition spirituelle particulière. Une fois que vous y êtes entré, vous devez vous y tenir. Ne soyez pas comme l'individu qui goûte la nourriture de plusieurs restaurants mais ne s'assied jamais pour manger un repas complet. Avant d'adopter une pratique, pensez-y attentivement. Puis, suivez-la. De cette manière, vous obtiendrez des résultats même si vous n'y consacrez que peu de temps chaque jour. Mais si, par contre, vous tentez de suivre tous les chemins en même temps, vous n'irez nulle part.

30 NOVEMBRE

Il semble que lorsque les hommes sont désespérés ils consultent les dieux. Lorsque les dieux se désespèrent à leur tour, ils disent des mensonges !

DÉCEMBRE

Le Potala, Lhassa, Tibet, 1986

1er DÉCEMBRE

Il existe un code du comportement que chacun peut adopter, indépendamment du fait d'être croyant ou agnostique, de croire en Dieu ou au *karma* : c'est la conduite éthique. Les qualités humaines, telles que les scrupules moraux, la compassion et l'humilité, nous sont indispensables mais, du fait de la fragilité et de la faiblesse inhérentes aux hommes, nous ne pouvons y accéder qu'à travers un développement actif et individuel au sein d'un milieu social favorable. Cet effort de chacun permettra à un monde plus humain de voir le jour.

2 DÉCEMBRE

Maintenant, je suis toujours d'assez bonne humeur ! C'est le résultat, je pense, de mon entraînement et de ma pratique. Dans ma vie, j'ai perdu mon pays et j'en ai été réduit à être totalement dépendant de la bonne volonté des autres. J'ai aussi perdu ma mère et, même si, à présent, j'ai quelques nouveaux gourous, la plupart de mes tuteurs et maîtres sont morts. Tout ceci est, bien sûr, tragique et je me sens triste lorsque j'y pense. Mais je ne suis pas submergé par cette tristesse. Avec le temps, certains visages familiers disparaissent et de nouveaux apparaissent ; les choses évoluent, les situations changent mais le bonheur et la paix de mon esprit demeurent.

3 DÉCEMBRE

Celui qui est profondément intéressé par une réelle évolution spirituelle ne peut se soustraire à la pratique de la méditation. C'en est la clé ! Une simple prière ou un souhait ne peuvent suffire à transformer votre être intérieur. La seule manière de développer votre esprit consiste en un effort méditatif constant. Ce n'est pas facile au début, bien sûr : vous allez rencontrer des difficultés et perdre un peu de votre enthousiasme. Ou peut-être y aura-t-il, au départ, trop d'engouement et puis plus rien après quelques semaines ou quelques mois. Votre approche doit plutôt être régulière, persistante, basée sur un engagement à long terme. Voilà ce qu'il vous faut développer.

4 DÉCEMBRE

Lorsque nous parlons de violence, nous devons avoir conscience que nous sommes en train d'évoquer un phénomène dont il est pratiquement impossible de prédire les conséquences. Quand la violence est utilisée comme moyen, il est très difficile de prévoir l'issue de ce genre d'action, même si la motivation de celui qui l'accomplit est positive et pure. Pour cette raison, il vaut toujours mieux éviter une situation qui risque de nécessiter l'usage de la violence. Mais cela ne veut pas dire que la tolérance et la patience soient synonymes de soumission ou de capitulation devant l'injustice.

5 DÉCEMBRE

Celui qui a une immense capacité de patience et de tolérance possède, dans la vie, un certain degré de tranquillité et de calme. Un tel individu n'est pas simplement plus heureux ou plus stable émotionnellement, il paraît être aussi physiquement plus sain et moins souvent malade. Il est doué d'une forte volonté, d'un bon appétit et peut dormir la conscience tranquille et claire.

Si vous aidez les autres avec une motivation sincère, en vous sentant vraiment concerné, la fortune vous sourira davantage ; vous aurez plus d'amis, plus de sourires, plus de succès. Mais si vous oubliez les autres, ne respectez pas leurs droits et négligez leur bien-être, à terme, vous finirez seul.

7 DÉCEMBRE

Selon l'approche suprême de la pratique bouddhiste, appelée Suprême Yoga Tantra, il n'existe aucune différence fondamentale entre masculin et féminin. Même arrivé au stade ultime où vous allez atteindre la bouddhéïté, peu importe que votre dernière renaissance soit sous une forme mâle ou femelle. Dans ce système, la dimension féminine est mieux considérée. Cela s'illustre, par exemple, par le fait que lorsqu'un être de sexe masculin abuse d'un être de sexe féminin ou le méprise, il engendre ainsi une des causes de chute ou de régression et le résultat est donc pour lui désastreux. Lorsqu'une femme méprise un homme, elle n'encourt pas le même risque, ce qui rend les hommes jaloux.

8 DÉCEMBRE

Il ne suffit pas d'avoir de la compassion : il faut agir. Il y a deux manières de le faire. La première consiste à surmonter les perturbations et les tourments de votre esprit, autrement dit à le calmer et, pour finir, à dissiper toute trace de colère. C'est la première forme de compassion active. La seconde est plus sociale ou publique : il s'agit de s'engager, de s'impliquer quand, pour réparer des erreurs dans le monde, il devient nécessaire d'entreprendre une action parce que l'on se sent vraiment concerné par le bonheur des autres.

9 DÉCEMBRE

Je recommande, en général, aux pratiquants bouddhistes de ne pas considérer chaque action de leur maître spirituel comme étant divine et noble. Un enseignant spirituel doit posséder certaines qualités spécifiques très précises et il ne s'agit pas de dire simplement : « Ce comportement est juste puisque c'est celui du gourou. » Ne faites jamais cela. Vous devez reconnaître ce qui est incorrect comme étant incorrect ; cela implique que, dans certains cas, la critique puisse être tout à fait justifiée.

10 DÉCEMBRE

Quand nous ressentons une très profonde compassion pour quelqu'un, c'est le signe qu'un lien intime nous unit à cette personne. Il est dit dans nos écritures que nous devons cultiver un amour semblable à celui d'une mère envers son unique enfant. Il s'agit d'une chose très intime. La notion bouddhiste d'attachement n'est pas ce que supposent les Occidentaux. Pour nous, l'amour d'une mère pour son seul enfant est libre d'attachement.

11 DÉCEMBRE

Les gens doivent rester dans la société et poursuivre leurs activités professionnelles habituelles. Pendant qu'ils apportent ainsi leur contribution à la communauté humaine, ils peuvent intérieurement poursuivre leur recherche et développer leurs pratiques. Nous sommes contraints, chaque jour, de nous rendre au bureau, de travailler puis de rentrer à la maison. Dans ce contexte, il vaut sans doute la peine de sacrifier quelque distraction le soir, et d'aller se coucher de bonne heure pour pouvoir se lever tôt le lendemain matin et pratiquer une méditation analytique.

12 DÉCEMBRE

Aider les autres est le moyen le plus efficace dont nous disposons pour devenir des bouddhas totalement éveillés. Or pour apporter une aide intense et large aux autres, nous devons atteindre l'une des *Terres de bodhisattva*, c'est-à-dire avoir expérimenté, directement et sans le moindre concept, la réalité de la vacuité et obtenu les pouvoirs de perception extrasensorielle. Mais, même avant ce stade, de nombreuses possibilités de venir en aide à autrui nous sont offertes.

13 DÉCEMBRE

D'un certain point de vue, nous pouvons dire que, ayant un corps humain et pratiquant les enseignements du Bouddha, nous valons mieux que les insectes. D'un autre côté, il nous faut reconnaître que les insectes sont totalement innocents et libres de toute hypocrisie alors que, pour notre part, nous utilisons souvent le mensonge en voulant donner une fausse image de nous-mêmes pour parvenir à nos buts par des voies détournées ou pour nous attribuer des qualités que nous ne possédons pas. De ce point de vue, nous sommes bien pires que les insectes : ils ne font que ce qu'ils doivent faire, sans prétendre être quoi que ce soit.

14 DÉCEMBRE

Si, même lorsque votre session de méditation est longue, elle vous semble n'avoir duré qu'un court moment, c'est un signe de progrès dans votre démarche de stabilité méditative.

15 DÉCEMBRE

Dans le dernier tour de roue de son enseignement, le Bouddha mit principalement l'accent sur la manière de purifier les illusions de l'esprit. En d'autres termes, l'esprit a une clarté qui peut être utilisée pour évoluer de façon holistique.

16 DÉCEMBRE

Les deux vérités, conventionnelle et ultime, ont été enseignées pour une raison bien précise : nous sommes dans une confusion profonde et dans une grande ignorance de la réalité. Pour identifier cette ignorance et éradiquer cette confusion, nous devons connaître la vraie nature des phénomènes.

17 DÉCEMBRE

Le bonheur est toujours le fruit d'une activité créatrice et la souffrance d'une activité négative.

18 DÉCEMBRE

Affirmer notre ego nous amène, le plus souvent, à être simplement déçus ou alors à entrer en conflit avec d'autres ego tout aussi exclusifs que le nôtre, ce qui est en particulier le cas lorsqu'un ego fort développé en arrive à faire des caprices et à avoir des exigences. L'illusion de l'existence d'un soi permanent sécrète en chacun de nous le danger du désir : je veux ceci, je souhaite cela. Cela peut même nous pousser au meurtre comme maints exemples le prouvent. L'excès d'égoïsme conduit à des perversions incontrôlables qui finissent toujours mal. D'un autre côté, un ego déterminé, sûr de lui-même, peut se révéler très positif. Vous devez avoir réellement confiance en vous-même.

19 DÉCEMBRE

Comprenez que l'affection dont je parle ne poursuit aucun but : il n'y a pas la moindre intention de recevoir quoi que ce soit en retour et il ne s'agit pas de sentiment. Il en va de même pour la compassion : lorsqu'elle est authentique, elle est sans attachement. Soyez attentif à ce point : il va à l'encontre de notre mode de pensée habituel. Ce n'est pas telle ou telle situation particulière qui suscite notre pitié et nous n'accordons pas notre compassion à une personne ou à une autre selon notre bon vouloir. Nous l'offrons spontanément, totalement, sans espoir de quoi que ce soit en échange. La compassion se donne de façon universelle.

20 DÉCEMBRE

Si je meurs en exil et si le peuple tibétain souhaite poursuivre cette institution des Dalaï Lamas, ma réincarnation ne verra pas le jour sous le contrôle chinois.

21 DÉCEMBRE

Lorsque l'amour est simplement de l'attachement, le moindre changement dans ce qui constitue l'objet de cet amour, comme par exemple une transformation de son comportement, provoque immédiatement une modification de notre attitude. Il en va ainsi car cette émotion se base sur quelque chose de très superficiel. Prenez par exemple de jeunes mariés : après quelques semaines, mois ou années, ces époux deviennent des ennemis et finissent par divorcer alors qu'ils se sont mariés profondément amoureux l'un de l'autre. Personne ne se marie par haine. Pourtant, au bout de quelque temps, tout a changé. Pourquoi ?

22 DÉCEMBRE

Certains psychologues disent que nous ne devons pas réprimer notre colère mais l'exprimer — que nous devons pratiquer la colère ! Il convient de distinguer ici les problèmes mentaux qui peuvent être exprimés de ceux qui ne doivent pas être extériorisés. On abuse parfois vraiment de votre confiance et, dans ce cas, vous avez raison de formuler vos griefs plutôt que de les laisser pourrir à l'intérieur de vous. Mais veillez à ne pas les exprimer avec colère.

23 DÉCEMBRE

Quand vous approfondissez votre propre pratique spirituelle en mettant l'accent sur la sagesse et la compassion, vous rencontrez, encore et encore, la souffrance des autres êtres vivants ; vous développez alors la capacité de la comprendre, d'y répondre et de sentir naître en vous une profonde compassion et non plus de l'apathie ou un quelconque sentiment d'impuissance. Lorsque vous contemplez ainsi la souffrance, ne commencez pas à croire à votre propre importance et veillez à ne pas tomber dans le travers de la vanité. Cultiver la sagesse permet d'éviter ces pièges mais il est difficile de généraliser : le courage et la patience de chaque être sont uniques.

24 DÉCEMBRE

À trop prendre soin de nous-mêmes, nous devenons étriqués. Convaincus de notre propre importance, notre seul désir fondamental est notre bonheur personnel : nous souhaitons que tout aille bien pour nous. Et pourtant, nous ne savons même pas comment faire pour y parvenir. En réalité, celui qui agit uniquement pour sa propre satisfaction ne sera jamais heureux.

Quelles que soient les personnes avec lesquelles nous nous trouvons, nous pensons souvent : « Je suis plus fort que lui », « je suis plus jolie qu'elle », « je suis plus intelligent », « je suis plus riche, plus qualifié », etc. Nous développons ainsi beaucoup d'orgueil et ce n'est pas bien. Apprenons, au contraire, à toujours rester humbles. Même lorsque nous aidons les autres, lorsque nous nous engageons dans une activité caritative, nous devons éviter de nous considérer comme étant de grands protecteurs prodiguant leurs bienfaits aux nécessiteux.

26 DÉCEMBRE

Comprenez que même si vos adversaires semblent vous nuire, leur activité destructrice ne fait, en définitive, du tort qu'à eux-mêmes.

Quiconque exclut les autres se trouvera lui-même exclu à son tour. Ceux qui affirment que leur Dieu est le seul et l'unique commettent là un acte dangereux et pernicieux : en agissant ainsi, ils risquent peu à peu de vouloir imposer par tous les moyens possibles leurs croyances aux autres.

28 DÉCEMBRE

Voici l'histoire de deux moines : un maître et son disciple. Pour stimuler ce dernier, le maître lui dit un jour : « Je te promets que bientôt nous irons faire un pique-nique. » Mais comme les jours passent et que le maître semble avoir oublié, le disciple lui rappelle sa promesse. Le maître lui répond alors qu'il n'a pas le temps et qu'il est trop occupé pour aller pique-niquer. Une longue période s'écoule et toujours pas de pique-nique. À la nouvelle demande du disciple, le maître répond à nouveau : « Pas maintenant, je suis beaucoup trop occupé. » Le temps passe puis un jour, l'étudiant voit des hommes qui portent un cadavre. Comme le maître demande à l'étudiant ce qu'il se passe, ce dernier lui répond : « Eh bien ! Ce pauvre homme va pique-niquer ! » À moins de déterminer précisément à quel moment vous allez respecter l'un de vos engagements, vous trouverez toujours d'autres obligations.

29 DÉCEMBRE

L'essence de toute vie spirituelle est l'émotion, l'attitude envers les autres. Dès que votre motivation est sincère et pure, tout le reste suit. Vous pouvez développer cette juste attitude envers les autres en vous appuyant sur la bonté, l'amour, le respect et sur une claire compréhension du lien qui unit tous les humains.

Il me semble que les sciences occidentales et la philosophie orientale devraient s'unir pour créer un être humain vraiment complet, totalement épanoui. C'est la seule manière pour nous d'émerger de notre condition actuelle et de devenir forts, entiers. Ce qui se situe au-delà de la matière et de la conscience, ce qui est vraiment important, ce qui fait de nous ce que nous sommes, voilà ce qui m'intéresse en fait.

La métaphore de la lumière est une image commune à toutes les grandes traditions religieuses. Dans le contexte bouddhiste, la lumière est particulièrement associée à la sagesse et à la connaissance, tandis que l'obscurité fait référence à l'ignorance et aux erreurs de compréhension. Dans notre cheminement spirituel, il y a deux aspects : celui de la méthode, qui inclut des pratiques telles que la compassion et la tolérance, et celui de la sagesse ou de la connaissance, de la vision pénétrante qui reconnaît la nature de la réalité. Ce deuxième aspect du chemin est le véritable antidote qui dissipe l'ignorance.

Bardo : « État intermédiaire »
Ce terme qui fait référence à toute période de transition, comme par exemple la naissance, le sommeil ou le rêve, est plus particulièrement utilisé pour désigner le long processus psychique qui suit l'instant de la mort. La conscience de l'individu se détache peu à peu du corps et de son existence passée ; elle est alors soumise à une suite de visions intenses et, si la pratique spirituelle a été suffisamment développée, ces expériences peuvent conduire à la libération. Dans le cas contraire, l'esprit est effrayé par ce qu'il voit et entend ; emporté par le vent du karma, il se précipite vers ce qui lui semble être un refuge et s'incarne à nouveau dans le cycle des existences conditionnées, poursuivant ainsi son errance dans le monde de l'illusion et de la souffrance.

Bodhi : « Éveil »
État de conscience dans lequel l'esprit expérimente la réalité telle qu'elle est, libre de toute illusion et de tout concept. C'est l'état obtenu par le prince Siddharta au terme de sa quête de la vérité, il y a 2500 ans dans le Nord de l'Inde. L'arbre sous lequel il devint ainsi le

Bouddha, l'Éveillé, est appelé arbre de la bodhi.

Bodhicitta : « Esprit d'éveil »
Notion essentielle du bouddhisme Mahayana ou Grand Véhicule, cette aspiration au parfait éveil est développée par le disciple tout au long de la voie. Elle consiste à s'engager dans une démarche où chaque instant de la vie est utilisé comme une opportunité de libérer tous les êtres, y compris soi-même, de la souffrance. Tournée vers l'extérieur, cette activité d'éveil se concrétise par la pratique de l'altruisme et contribue principalement au développement de la compassion. L'aspect intérieur, lui, se développe à travers la pratique de la méditation et révèle peu à peu la dimension de sagesse de l'esprit. Sagesse et compassion sont comparées aux deux ailes d'un oiseau : les deux sont indispensables pour prendre son envol vers la libération.

Bodhisattva : « L'être de courage qui développe l'esprit d'éveil »
La motivation première de l'individu qui s'engage dans le Mahayana ou Grand Véhicule

est de libérer tous les êtres de la souffrance. Il fait vœu pour cela de ne jamais les abandonner et d'œuvrer pour le bien de tous, même lorsque, par sa pratique spirituelle, il ne sera plus soumis au cycle des renaissances dans un monde de souffrance. Ayant purifié son karma et étant donc libre de toute contrainte, il se réincarnera néanmoins grâce à la force de ses souhaits.

Bouddha :
Littéralement, *Boud* signifie se réveiller, sortir des ténèbres de l'ignorance tandis que *Dha* évoque l'épanouissement de toutes les qualités de l'esprit. Tout être dont l'esprit se libère de l'illusion de croire à l'existence réelle d'un soi, et dont les qualités d'amour et de compassion deviennent à chaque instant manifestes, est dit être *un éveillé*. Lorsque cette réalisation est portée à la perfection, il est un bouddha, comme ce fut le cas il y a 2500 ans pour le prince Gautama Siddharta lorsqu'il devint le Bouddha Sakyamouni.

Dharma : « Loi, principe »
Ce terme qui peut avoir le sens très général de *phénomène* ou de *chose* est souvent associé, dans le bouddhisme, à la notion d'authenticité ou de sainteté. La *chose authentique* ou saint Dharma fait référence aux phénomènes tels qu'ils sont, au-delà de nos illusions et interprétations erronées. Le Dharma est donc l'enseignement, la voie révélée par le Bouddha pour accéder à cette réalité ultime, tout en continuant à vivre et à œuvrer de façon harmonieuse dans le monde manifeste.

Karma : « Action et résultat »
Tout acte a des conséquences, toute impulsion entraîne une réaction, tant au niveau de la matière que de la conscience. La loi du karma rend compte de cette réalité inéluctable qui relie chaque action, chaque parole, chaque pensée à un résultat futur, à un mûrissement karmique qui sera tout ou tard expérimenté par le ou les auteurs de ces actes. C'est cette loi naturelle qui préside aux réincarnations futures.

Lama : « Maître, gourou »
Ce terme désigne celui qui par sa propre réalisation est à même de conduire le disciple sur le chemin de l'éveil. Particulièrement important dans le bouddhisme tibétain, le lama ou *insurpassable mère* confère les initiations et transmet les enseignements adaptés à chaque individu avec la bienveillance qu'une mère porte à son enfant. L'un des plus éminents d'entre eux est Sa Sainteté le Dalaï-lama.

Maya : « Illusion »
Le monde tel que nous l'expérimentons n'a pas la réalité que nous lui accordons. Bien que manifeste, il est de nature illusoire, tout comme un arc-en-ciel qui peut être perçu mais jamais trouvé. Sans pour autant renier ce qu'il expérimente, le pratiquant bouddhiste doit peu à peu se libérer des certitudes et des idées préconçues qu'il a sur le monde et sur lui-même et découvrir la réalité qui se cache derrière les apparences.

Moksha : « Libération »
Grâce à une pratique spirituelle appropriée, il est possible de libérer notre conscience de tout

ce qui l'enchaîne et la conditionne. Par la purification du karma et le développement de la sagesse intérieure, l'esprit apprend à être totalement présent à ce qui est et non plus à ce qu'il croit être. Il retrouve alors sa véritable nature, libre de toute entrave.

Nirvana : « Au-delà de la souffrance »
Dans son mode de fonctionnement ordinaire, l'esprit est prisonnier de ses habitudes, de ses concepts et de ses tendances. Ainsi conditionné, il n'expérimente que souffrance et insatisfaction. Mais lorsque, grâce à un cheminement spirituel, l'individu parvient à dissiper les voiles qui obscurcissent sa conscience, il réalise que ce qu'il vivait jusqu'alors n'était pas la réalité mais l'interprétation qu'il en avait. Cet état libre et lumineux se situe au-delà de toute notion de souffrance.

Prajna : « Sagesse »
Être conscient signifie avoir la capacité d'expérimenter et donc de connaître. C'est la nature même de notre esprit. Mais celle-ci est voilée par nos certitudes et nos idées préconçues. La réalité n'est pas vécue en tant que

telle, elle est interprétée à travers une notion d'ego et d'existence propre. En travaillant sans relâche sur ce mode de fonctionnement de l'esprit, le pratiquant se défait peu à peu de ces œillères et découvre le plein potentiel qui anime son esprit : une sagesse sans limite.

Preta : « Esprit avide »
Selon le bouddhisme, l'esprit peut s'incarner dans six formes d'existences dont chacune est la conséquence d'un obscurcissement mental particulier. Ainsi, il est dit que la forme humaine est principalement sujette au désir tandis que l'état animal est le reflet d'une grande opacité mentale. Les êtres qui, par le passé, ont développé une forte tendance à l'avidité risquent, du fait de leurs actions, de reprendre naissance dans le monde des pretas : un univers où les individus souffrent de ne jamais pouvoir satisfaire leurs besoins vitaux. Ils ont par exemple un ventre énorme et une bouche minuscule qui ne leur permet pas d'ingurgiter ce dont ils ont besoin. Et quand bien même ils parviendraient à le faire, la nourriture les brûle de l'intérieur.

Samadhi : « État d'absorption méditative »
Lorsque, grâce à la méditation, l'esprit parvient à demeurer sans distraction, centré sur un point particulier — tel un objet visuel, la respiration, une visualisation, etc. — il se détend peu à peu et s'ouvre à un état de présence intense qui l'absorbe totalement. On dit alors qu'il entre en samadhi.

Samatha : « Calme mental »
Type de méditation destinée à pacifier l'esprit. Celui-ci étant d'ordinaire agité par les pensées et les émotions, le pratiquant s'entraîne donc à concentrer son attention en un point et à y demeurer sans se laisser distraire par quoi que ce soit. Peu à peu l'esprit s'habitue à rester ainsi posé et détendu et il va s'éclaircir, comme l'eau boueuse que l'on laisse reposer; ses qualités inhérentes vont apparaître.

Samsara :
« Cycle des existences conditionnées »
Lorsque l'esprit ne reconnaît pas la réalité telle qu'elle est, il s'identifie à un ego et s'enferme dans un cycle d'habitudes et de comportements qui l'amène à naître et renaître en fonction du

karma qu'il crée ainsi par ignorance. Le bouddhisme est la voie qui permet de se libérer de ce cycle infernal et des souffrances qui en résultent.

Sangha : « Ceux qui aspirent à la vertu »
Ce terme désigne les êtres qui, par leurs souhaits et leur pratique, se libèrent peu à peu du monde des apparences et œuvrent dans le même temps pour le bienfait d'autrui. Il existe plusieurs types de sangha : la sangha des êtres ordinaires, la sangha monastique et la noble sangha des êtres éveillés.

Shila : « Précepte, conduite éthique »
Pour remédier aux tendances habituelles égocentriques, source d'accumulation de karma négatif, l'individu qui pratique la voie du Bouddha entraîne son corps, sa parole et son esprit à respecter certaines règles. Ces antidotes vont contribuer à libérer l'esprit de ses entraves et à prendre de plus en plus conscience de sa véritable nature faite de sagesse et de compassion.

Shunyata : « Vacuité »
Notion essentielle du bouddhisme, la vacuité a surtout été enseignée lors du deuxième cycle d'enseignement du Bouddha. C'est la nature ultime de tous les phénomènes : leur absence de réalité propre. Si le monde, nos pensées et nous-mêmes semblent exister réellement puisque nous les expérimentons, ceci n'est vrai qu'à un niveau relatif. À un niveau plus subtil, rien ne peut être vraiment défini. Un bourgeon n'existe pas en tant que tel : il n'est qu'un instant du mouvement qui conduit d'une graine à une fleur. De même, ce qui nous apparaît solide et réel lors d'un rêve se révèle illusoire quand nous nous éveillons. Lorsque l'esprit s'accroche aux apparences, il est emporté par l'illusion et cela le conduit à la souffrance. Pour s'en libérer, il lui faut remettre en question toutes les certitudes quant à lui-même et au monde qui l'entoure. Réaliser la vacuité des phénomènes ne revient pas à nier leur existence mais à reconnaître que derrière leur présence manifeste, se trouve une réalité plus subtile et impalpable.

Vipassana : « La vision pénétrante »
Ce type de méditation est souvent utilisé en complément à celle du calme mental, Samatha. Une fois l'esprit apaisé, il devient possible, grâce à sa clarté et sa stabilité, d'observer ce qui auparavant n'était que confusion. Les techniques utilisées consistent, par exemple, à volontairement laisser s'élever une pensée ou une émotion et à l'analyser pour en comprendre la nature vide et percevoir comment la saisie, qui d'ordinaire s'opère sur elle, la concrétise en une réalité apparente. Ce même travail analytique peut être effectué sur les objets sensoriels ainsi que sur la saisie égocentrique.

Achevé d'imprimer sur les presses
de l'Imprimerie Hérissey
N° d'impression : 90962